DIMENSIONI
DELLO SPIRITO

Angelo Comastri

DIO È AMORE!

Esercizi spirituali predicati a Giovanni Paolo II e alla Curia romana

SAN PAOLO

Piazza Soncino, 5 - 20092 Cinisello Balsamo (Milano)
www.edizionisanpaolo.it
Distribuzione: Diffusione San Paolo s.r.l.
Corso Regina Margherita, 2 - 10153 Torino

PREFAZIONE

A conclusione degli esercizi spirituali in Vaticano, mi sono permesso di raccontare al Santo Padre un episodio, nel quale la mia mamma fu per me una maestra di genuina sapienza e di limpida fede, come sanno fare tutte le mamme.

Era l'anno 1967: nell'orizzonte della Chiesa si addensavano fosche nubi e si avvertivano sintomi di forti inquietudini, che talvolta sfociavano in gravi lacerazioni e in abbandoni clamorosi.

Il 10 marzo 1967, vigilia della mia ordinazione sacerdotale, mi giunse l'inattesa notizia della defezione dal sacerdozio da parte di un mio carissimo amico, conosciuto durante gli anni degli studi universitari. Mai avrei immaginato una simile deriva e, pertanto, ero amareggiato e, per certi aspetti, avvertivo una trepidazione che rischiava di turbare l'entusiasmo che avevo sentito fino a quel momento: e così il momento atteso improvvisamente diventò il momento... temuto.

La mamma, con il sesto senso di cui sono dotate tutte le mamme, avvertì che qualcosa non andava e dolcemente mi si avvicinò e mi disse: «Hai forse un po' di paura, figlio mio?». Risposi con sincerità (come si fa ad ingannare la mamma?) e dissi: «Mamma, tanti miei amici e anche alcuni professori stimatissimi hanno abbandonato il sacerdozio in questi ultimi anni. Ho paura! Sarò fedele alla chiamata del Signore? E se perdessi la testa anch'io?».

Rivedo la mia mamma... si fece pensosa e forse si immerse nella preghiera: la preghiera delle mamme, che entra diritta nel Cuore di Dio!

Mi prese le mani, per le quali ella aveva già preparato il fazzoletto ricamato che le avrebbe dovute avvolgere il giorno seguente, subito dopo l'unzione con il sacro crisma. Mi guardò con intensità e poi mi disse: «Figlio mio, stammi a sentire! Gesù, nel grande giorno delle Palme, entrò a Gerusalemme cavalcando un asinello. Resta sempre un umile asinello anche tu... e Gesù non smetterà mai di cavalcarti: ne sono sicura».

Le parole della mamma mi trasmisero una grande pace e, il giorno seguente, durante l'ordinazione sacerdotale dentro di me ripetevo: «Resta un umile asinello... e Gesù non smetterà mai di cavalcarti».

Ho raccontato questo episodio al Santo Padre e poi ho aggiunto: «Non ho fatto fatica a restare un asinello! Spero che Gesù mi abbia sempre cavalcato... anche durante gli esercizi spirituali in Vaticano».

Anche a te, caro lettore, consegno la stessa confidenza!

✠ ANGELO COMASTRI
Arcivescovo delegato pontificio di Loreto

1

IL TEMPO È COMPIUTO

Il limite tra il prima-di-Cristo e il dopo-Cristo non è un confine tracciato nella storia o nel calendario, ma è un segno interiore che attraversa il nostro cuore. Finché viviamo nell'egoismo, siamo ancora, oggi, coloro che vivono prima-di-Cristo.
JOSEPH RATZINGER

All'inizio del cammino che intraprendo con te alla ricerca del volto di Dio, faccio mie le parole che l'apostolo Paolo scrisse ai cristiani di Corinto: «Io venni in mezzo a voi in debolezza e con molto timore e trepidazione; e le mie parole e il mio messaggio non si basarono su discorsi persuasivi di sapienza, ma sulla manifestazione dello *Spirito* e della *Sua potenza*» (1Cor 2,3-4).

Questa è l'intenzione sincera! Facciamoci reciprocamente dono della preghiera, affinché il nostro cammino non sia pieno di «discorsi persuasivi di sapienza» (mi fanno tanta paura queste parole di Søren Kierkegaard: «Ecco il grande rischio del cristianesimo: che i professori di Dio prendano il sopravvento sui testimoni di Dio!»), ma sia tempo di straordinaria apertura del cuore allo Spirito, che viene a farci incontrare più profondamente Gesù Cristo, l'unico Salvatore.

Maria, Vergine fatta Chiesa, secondo la felice espressione attribuita a san Francesco d'Assisi, cioè «Vergine totalmente aperta e accogliente nei confronti di Dio-Salvatore», ci ottenga questo atteggiamento del cuore: l'atteggiamento che permette la conversione e l'approfondimento della conversione.

Avere un po' di tempo per pensare e pregare è un grande dono di Dio, perché, con l'incarnazione, il tempo è straordinariamente abitato da Dio-che-salva. Il Papa più volte l'ha ricordato e sottolineato in occasione del grande giubileo del 2000 (cfr. *Tertio millennio adveniente*, 9 e 10).

Nel Vangelo di Marco, all'inizio della predicazione di Gesù, troviamo questa espressione densissima: «Il tempo è compiuto e il Regno di Dio si è fatto vicino» (Mc 1,15). Il verbo greco *pleróo* vuol dire «compiere» e «riempire»; è esatto, pertanto, tradurre anche così: «Il tempo è compiuto perché il tempo è stato riempito da Dio e, quindi, il regno di Dio si è fatto vicino». È impressionante questa affermazione!

Possiamo permetterci di dire che il tempo è diventato luogo: luogo dove possiamo incontrare Dio-che-salva! Il Santo Padre, con linguaggio teologico e poetico, scrive così riguardo ai luoghi del compimento del mistero dell'incarnazione e della redenzione: «Giungo in questi luoghi che Tu hai riempito di Te una volta per sempre... O luogo! Quante volte, quante volte ti sei trasformato prima che da Suo divenissi mio! Quando Egli ti riempì la prima volta, non eri ancora nessun luogo esteriore, eri soltanto il grembo di sua Madre. Oh, sapere che le pietre su cui cammino a Nazaret sono le stesse che il suo piede toccava quando era ancora Lei il Tuo luogo, unico al mondo. Incontrarti attraverso una pietra che fu toccata dal piede di Tua Madre! O luogo, luogo di Terra Santa, quale spazio occupi in me! Perciò non posso calpestarti con i miei passi, debbo inginocchiarmi. E così attestare oggi che tu sei stato un luogo d'incontro. Io m'inginocchio e metto così il mio sigillo. Resterai qui col mio sigillo, resterai, resterai e io ti porterò con me, ti trasformerò dentro di me in un luogo di nuova testimonianza. Io parto come un testimone che renderà la sua testimonianza attraverso i secoli» (Lettera del 29 giugno 1999). Queste stupende parole le possiamo applicare a ogni *luogo* e a ogni *momento* della nostra storia.

Da ciò deriva l'impegno di prendere sul serio «il tempo» e di santificarlo, perché è nel tempo che avviene il nostro incontro con Dio-Salvatore.

Gli esercizi spirituali sono, pertanto, un momento straordinario per sperimentare il tempo come «tempo di salvezza», avvertendo in chiave personale la verità dell'affermazione dell'Apocalisse: «Ecco, io sto alla porta e busso. Se qualcuno ascolta la mia voce e mi apre la porta, io verrò da lui, cenerò con lui ed egli con me» (Ap 3,20). Come è bella questa immagine di Dio, che bussa alla porta! Ora, in questo momento, Dio sta bussando alla mia porta: vengono i brividi!

Da un altro punto di vista, però, il tempo è anche un tarlo che svuota, consuma e può spegnere la lampada. Ricordiamo le parole, certamente non retoriche, di Gesù: «Ma il Figlio dell'uomo, quando verrà, troverà la fede sulla terra?» (Lc 18,8). Vi confesso che queste parole mi fanno tremare: il nostro grande rischio è di cessare di credere o di credere troppo poco. Tutte le crisi della Chiesa sono riconducibili a questo problema: problema di fede, anzi di pochezza di fede. Anche oggi! Il cardinale W. Kasper ha osservato: «Mentre, dopo il concilio, discutevamo sul rinnovamento dei metodi di trasmissione della fede, si è indebolita la fede e alcuni, addirittura, hanno perso la fede!». Fatto terribile!

Ricordiamo la parabola delle «vergini sagge e delle vergini stolte» (Mt 25,1-13). Le vergini stolte non sono semplicemente quelle che hanno la lampada spenta, ma sono quelle che l'*hanno fatta spegnere*: questo è il tremendo rischio. Dobbiamo costantemente verificarci e chiederci: la mia lampada (che, poi, sono io nella verità della mia situazione interiore, da cui parte tutto l'orientamento della mia vita) è accesa?

Quanto è facile e comune incontrare «persone spente»! Una volta, al termine di una conferenza in occasione del giubileo, una persona mi disse: «Ma non si accorge che tanti sacerdoti oggi non hanno più voglia di parlare di Gesù Cristo? L'hanno totalmente emarginato dalla loro vita: e si vede e si avverte!». Queste parole mi ferirono il cuore.

Ricordiamo i ripetuti inviti di Gesù a uscire dall'*oligopistia* (Matteo ne riferisce cinque!): l'oligopistia è una fede così debole che, nel momento della prova, si rivela insufficiente ed è come se non ci fosse. E oggi è tempo di prova! E si avverte la patologia della oligopistia molto diffusa.

Riflettiamo su Mt 6,30: «Se Dio veste così l'erba del campo, che oggi c'è e domani verrà gettata nel forno, non farà assai più per voi, *gente di poca fede*?»; e su Mt 8,26: «Essendo poi salito su una barca i suoi discepoli lo seguirono. Ed ecco scatenarsi nel mare una tempesta così violenta che la barca era ricoperta dalle onde; ed egli dormiva. Allora, accostatisi a Lui lo svegliarono dicendo: "Salvaci, Signore, siamo perduti!". Ed egli disse loro: "*Perché avete paura, uomini di poca fede?*". Quindi, levatosi, sgridò i venti e il mare e si fece una grande bonaccia. I presenti furono presi da stupore e dicevano: "Chi è mai costui al quale i venti e il mare obbediscono?"»; e su Mt 14,31: «La barca intanto distava qualche miglio da terra ed era agitata dalle onde, a causa del vento contrario. Verso la fine della notte egli venne verso di loro camminando sul mare. I discepoli, al vederlo camminare sul mare, furono turbati e dissero: "È un fantasma!" e si misero a gridare dalla paura. Pietro gli disse: "Signore, se sei tu, comanda che io venga da te sulle acque". Ed egli disse: "Vieni!". Pietro, scendendo dalla barca [immaginiamo la scena… pieno di precauzioni degne di un pescatore, che sa che nell'acqua si affonda!], si mise a camminare sulle acque e andò verso Gesù. Ma, per la violenza del vento si impaurì e, cominciando ad affondare, gridò: "Signore, salvami!". E subito Gesù stese la mano, lo afferrò e gli disse: "*Uomo di poca fede, perché hai dubitato?*". Appena saliti sulla barca, il vento cessò. Quelli che erano sulla barca gli si prostrarono davanti esclamando: "Tu sei veramente il Figlio di Dio!"»; e su Mt 16,8: «Perché, *uomini di poca fede*, andate dicendo che non avete il pane?»; e su Mt 17,20: «Allora i discepoli, accostatisi a Gesù in disparte, gli chiesero: "Perché noi non abbiamo potuto scacciarlo?". Ed egli rispose: "*Per la vostra poca fede!* In verità vi dico: se avete fede pari a un granellino di senapa, potrete dire a questo monte: spostati da qui a là, ed esso si sposterà, e niente vi sarà impossibile. Questa razza di demoni non si scaccia se non con la preghiera e il digiuno».

L'evangelista Marco riferisce, invece, il forte rimprovero di Gesù agli apostoli nel giorno stesso di Pasqua, il giorno in cui anche noi viviamo: «Li rimproverò per la loro incredulità e durezza di cuore» (Mc 16,14). Gesù rimprovera gli apostoli per la loro *apistia* e per la loro *sclerocardia*.

Vale la pena di meditare le celebri e severe parole dell'abate Dom Godefroy, della trappa di Nostra Signora di Cîteaux, presso Digione. Egli, nell'immediato dopoguerra, al mattino salutava così i suoi monaci: «Attenti, miei cari monaci, perché si può essere *atei* anche frequentando il coro tutti i giorni!».

Sono parole da prendere sul serio, perché il rischio esiste... per tutti.

Gli esercizi spirituali sono un momento importante anche a motivo della *particolare stagione della vita della Chiesa*: da più parti si avverte il bisogno di ritornare dalla *periferia* dell'azione alla *sorgente* dell'azione, cioè alla contemplazione: c'è stata, nel nostro tempo, un'esplosione dell'azione a scapito dell'interiorità. Già Charles de Foucauld osservava: «Se la vita interiore è nulla, per quanto si abbia zelo e buone intenzioni e tanto lavoro... i frutti sono nulli».

E Georges Bernanos (1888-1948), prima della seconda guerra mondiale, come un'antenna veramente sensibile, captò un malessere diffuso e scrisse: «Non si può capire niente della civiltà moderna se, prima di tutto, non si riconosce che essa è una cospirazione universale contro qualsiasi forma di vita interiore». E, subito dopo la seconda guerra mondiale, un Piccolo Fratello di Charles de Foucauld si preoccupò di far notare: «Al quietismo di un tempo può subentrare l'eccessivo attivismo: pericolo altrettanto funesto e male altrettanto deleterio». E, preoccupato da una simile prospettiva, propose il correttivo: «È necessario sorvegliarsi e sorvegliare per non cadere in quel tremendo pericolo che lo Chautard denunciava come l'eresia dell'azione. La prima norma dell'apostolato sarà dunque questa: ricordare che *l'apostolato è l'interiorità che affiora*». Del resto Gesù, su questo punto, è stato esplicito: «Io sono la vite e voi i tralci. Chi rimane in me e io in lui, fa molto frutto, perché senza di me non potete far nulla» (Gv 15,5).

In tempi recenti abbiamo avuto il grande richiamo dell'enciclica *Redemptoris missio*. Scrive il Santo Padre Giovanni Paolo II: «La tentazione oggi è di ridurre il cristianesimo a una sapienza meramente umana, quasi scienza del buon vivere. In un mondo fortemente secolarizzato è avvenuta una "graduale secolarizzazione della salvezza", per cui ci si batte, sì, per l'uomo, ma per un uomo dimezzato, ridotto alla sola dimensione orizzontale» (RM, 11). E, per vincere la tentazione di secolarizzare la salvezza, il Papa ci ricorda: «La chiamata alla missione deriva di per sé dalla chiamata alla santità: la santità deve dirsi un presupposto fondamentale ed una condizione del tutto insostituibile, perché si compia la missione di salvezza della Chiesa» (RM, 90). E prosegue: «La rinnovata spinta verso la missione *ad gentes* esige missionari santi. Non basta rinnovare i metodi pastorali né organizzare e coordinare meglio le forze ecclesiali, né esplorare con maggior acutezza le basi bibliche e teologiche della fede: occorre suscitare un nuovo ardore di santità fra i missionari e in tutta la comunità cristiana, in particolare fra coloro che sono i più stretti collaboratori dei missionari» (RM, 90).

Torna a proposito l'acuta osservazione dell'agnostico Marcel Maréchal, direttore di un teatro di avanguardia a Parigi. Nel 1969 gli venne chiesto che cosa pensasse della «contestazione» nella Chiesa; egli rispose candidamente: «Se si tratta di un largo movimento che permette alla Chiesa di voler ritrovare la sua vera funzione, ossia che vuole ridare priorità alla gente che vede, ai mistici, la cosa mi sembra interessante e importante. Non è togliendo la veste talare o sposandosi che si giungerà a risolvere i problemi della fede. Se si tratta di un salto in avanti, se il prete si libera dei suoi incarichi di patronato..., per dirsi: "Sono un uomo di Dio e devo testimoniarlo" allora il fatto mi interessa. In altri termini, se si tratta di un'avventura mistica, trovo la cosa appassionante. Se si tratta di un'avventura sociale secondo il gusto del tempo, la cosa mi dà noia: trovo che si tratta di un regresso» (da «Lumière et vie», n. 93, maggio-giugno 1969, p. 30).

Per questo motivo, da più parti si avverte il bisogno di passare dalla centralità dei metodi e dei piani pastorali (cose buone, ma a condizione!) alla *centralità della testimonianza che suppone la santità e la vita interiore*. In fin dei conti è stata questa l'indicazione recentissima data dal Papa nella *Novo millennio ineunte.*

Madre Teresa, una contemplativa nella strada, era solita ripetere: «Io sono soltanto una povera donna che prega: *pregando*, Gesù mi mette nel cuore il Suo amore ed io corro a portarlo ai poveri. Gesù, per la preghiera, sacrificava anche la carità per insegnarci che, senza Dio, siamo troppo poveri per poter aiutare i poveri!».

E il cardinale Newman, a chi gli chiedeva quale fosse la cosa più urgente per la Chiesa, senza esitazione rispose: «*Holiness, first!* La santità, prima di tutto!».

E Paolo VI, nella *Evangelii nuntiandi*, scultoreamente ha scritto: «L'uomo contemporaneo ascolta più volentieri i testimoni che i maestri; o, se ascolta i maestri, lo fa perché sono dei testimoni» (EN, 41). È verissimo!

E Giovanni Paolo II nella lettera apostolica *Novo millennio ineunte* afferma: «È necessario rimettere la santità al centro della programmazione pastorale». Questo richiamo è provvidenziale! E aggiunge: «Non ci seduce certo la prospettiva ingenua che, di fronte alle grandi sfide del nostro tempo, possa esserci una formula magica. No, non una formula magica ci salverà, ma una Persona, e la certezza che essa ci infonde: "Io sono con voi!". Non si tratta, allora, di inventare un "nuovo programma". Il programma c'è già: è quello di sempre, raccolto dal Vangelo e dalla viva Tradizione. Esso si incentra, in ultima analisi, in Cristo stesso, da conoscere, amare, imitare, per vivere in lui la vita trinitaria, e trasformare con lui la storia fino al suo compimento nella Gerusalemme celeste» (n. 29). «E in primo luogo non esito a dire che la prospettiva in cui deve porsi tutto il cammino pastorale è quella della santità» (n. 30). Questo richiamo va accolto umilmente, rimettendo in discussione un'errata impostazione della pastorale che punta unicamente all'azione, dimenticando la sorgente interiore e mistica dell'azione pastorale.

Gli esercizi spirituali, infine, sono particolarmente importanti per noi, perché «dobbiamo vegliare su noi e su tutto il gregge, in mezzo al quale lo Spirito Santo ci ha posti come pastori per pascere...» (At 20,25ss). Noi siamo uomini-guida: siamo la segnaletica di Dio in mezzo al suo popolo.

L'Apocalisse ci offre alcuni stimoli concreti e precisi per iniziare subito un serio esame di coscienza, che faccia emergere tutte le patologie che abitualmente teniamo nascoste. È decisivo non lasciare zone d'ombra dentro di noi: portiamo tutto alla luce per essere guariti!

Dice Gesù alla Chiesa di Efeso: «Ho da rimproverarti perché hai abbandonato il tuo amore di prima» (Ap 2,4). E l'apostolo Paolo aggiunge: «Se non ho la carità... non sono nulla» (1Cor 13,1ss). Parte dalla *carità* il nostro apostolato e tende alla *carità*? E la *carità* è per noi un dono dall'Alto, prima di essere attività, iniziativa, opera?

Dice Gesù alla Chiesa di Tiatira: «Ho da rimproverarti perché lasci fare a Jezabele...» (Ap 2,20). Viene condannata la paura di prendere posizione, la paura di esporsi per difendere la verità, la tendenza al compromesso per non avere problemi (che è cosa ben diversa dalla delicatezza dell'approccio con le persone e con i loro problemi).

Dice Gesù alla Chiesa di Sardi: «Conosco le tue opere: ti si crede vivo e invece sei morto» (Ap 3,1). L'attivismo ...senza anima viene presentato come terribile malattia. Siamo nell'epoca del *look*, dell'apparire. Oggi esiste il rischio di cadere nella trappola dell'*apostolato* ridotto a *spettacolo*: ridotto a cose che si vedono, che appaiono, che fanno cronaca sui giornali… e basta! Prescindendo dalla vita spirituale dell'apostolo, l'apostolato non ha consistenza!

Dice Gesù alla Chiesa di Laodicea: «Non sei né freddo né caldo! Magari tu fossi freddo o caldo!» (Ap 3,15). Viene stigmatizzata l'indifferenza da benessere o da apatia o da orgoglio o da autentica scelta di mediocrità. Come è diffusa! E come è terribile avvicinare delle persone e sentire che sono tristemente mediocri!

Sono richiami forti, che ci fanno entrare a cuore aperto nello straordinario evento, che sono gli esercizi spirituali.

Invochiamo subito la grazia di essere liberati dall'atteggiamento di Nicodemo, il quale, essendo vecchio, pensava che ogni novità fosse impossibile (Gv 3,1-10): anche noi possiamo essere «vecchi nel cuore»!

2

LA TESTIMONIANZA PRESUPPONE UN INCONTRO

L'uomo contemporaneo ascolta più volentieri i testimoni che i maestri; o se ascolta i maestri, lo fa perché sono dei testimoni.
PAOLO VI

Giovanni Paolo II scrive coraggiosamente: «Quanta parte di responsabilità devono anch'essi [i figli della Chiesa] riconoscere di fronte alla dilagante irreligiosità, per non aver manifestato il genuino volto di Dio, a causa dei difetti della propria vita religiosa, morale e sociale?» (TMA, 36).

Già il salmista aveva ammonito:

Chi spera in te, a causa mia non sia confuso,
Signore, Dio degli eserciti;
per me non si vergogni
chi ti cerca, Dio d'Israele (Sal 69,7).

E il Santo Padre, nella *Novo millennio ineunte*, ritorna su questo decisivo argomento e osserva: «Gli uomini del nostro tempo, magari non sempre consapevolmente, chiedono ai credenti di oggi non solo di "parlare" di Cristo, ma in certo senso di farlo loro "vedere". E non è forse compito della Chiesa riflettere la luce di Cristo in ogni epoca della storia, farne risplendere il volto anche davanti alle generazioni del nuovo millennio? La nostra testimonianza sarebbe, tuttavia, insopportabilmente povera, se noi per primi non fossimo contemplatori del suo volto. Il grande giubileo ci ha sicuramente aiutati a esserlo più profondamente. A conclusione del giubileo, mentre riprendiamo il cammino ordinario, portando nell'animo la ricchezza delle esperienze vissute in questo periodo specialissimo, lo sguardo resta più che mai fisso sul volto del Signore». Dobbiamo tenere lo sguardo fisso su Gesù per diventare Suoi testimoni, per diventare persone che Lo annunciano e Lo fanno vedere!

Blaise Pascal nel Pensiero 556 lancia un sasso nello stagno e coraggiosamente afferma: «Molti bestemmiano la religione cristiana perché la conoscono male. Pensano che essa consista semplicemente nell'adorazione di un Dio considerato grande, potente ed eterno; e questo è propriamente il deismo, che è tanto lontano dalla religione cristiana quanto l'ateismo che ne è tutto l'opposto.

Il Dio dei cristiani non è un Dio semplicemente autore delle verità geometriche e dell'ordine degli elementi, come pensavano i pagani e gli epicurei. Non è soltanto un Dio che esercita la sua provvidenza sulla vita e sui beni degli uomini per concedere lunghi anni felici a quelli che l'adorano, come pensavano gli ebrei. Ma il Dio di Abramo, il Dio di Isacco, il Dio di Giacobbe, il Dio dei cristiani è un Dio di amore e di consolazione, è un Dio che riempie l'anima e il cuore di coloro di cui s'è impossessato, è un Dio che fa internamente sentire a ognuno la propria miseria e la Sua misericordia infinita». Molti discepoli di Cristo non conoscono questo volto di Dio svelato da Cristo, ma sono ancorati a quello presentato dai filosofi. È giusto, allora, che ci chiediamo: in quale Dio crediamo e quale Dio annunciamo? È una domanda che continuamente dobbiamo rivolgerci.

Ma a questo punto è necessaria una precisazione, che emerge da tutte le pagine della Scrittura e dalla testimonianza costante dei santi. Prima dell'annuncio c'è un incontro: *un incontro* che cambia la vita! Ascoltiamo le parole con cui Giovanni inizia la sua prima lettera: «Ciò che era fin da principio, ciò che noi abbiamo udito, ciò che noi abbiamo veduto con i nostri occhi, ciò che noi abbiamo contemplato e ciò che le nostre mani hanno toccato, ossia il Verbo della vita (poiché la vita si è fatta visibile, noi l'abbiamo veduta e di ciò rendiamo testimonianza e vi annunziamo la vita eterna, che era presso il Padre e si è resa visibile a noi), *quello che abbiamo veduto e udito, noi lo annunziamo anche a voi*, perché anche voi siate in comunione con noi. La nostra comunione è col Padre e col Figlio suo Gesù Cristo. Queste cose vi scriviamo, perché la nostra gioia sia perfetta» (1Gv 1,1-4). Soltanto chi ha incontrato il Signore può annunciarlo agli altri.

Ecco alcuni episodi significativi e illuminanti, che fanno toccare con mano che soltanto l'incontro vivo con Cristo fa cambiare la vita e rende testimoni credibili della novità che Egli ha portato nel mondo. Se manca l'incontro, la testimonianza è, come afferma il Papa, insopportabilmente povera!

Iniziamo da Paolo di Tarso, che cammina sulla via di Damasco: *un incontro* gli cambia la vita! E Paolo riferisce il cambiamento avvenuto nella sua vita dopo l'incontro con Cristo. Scrive ai cristiani di Filippi: «Quello che poteva essere per me un guadagno, l'ho considerato una perdita a motivo di Cristo. Anzi, tutto ormai io reputo una perdita di fronte alla sublimità della conoscenza di Cristo, mio Signore, per il quale ho lasciato perdere tutte queste cose e le considero come spazzatura, al fine di guadagnare Cristo e di essere trovato in lui, non con una mia giustizia derivante dalla legge, ma con quella che deriva dalla fede in Cristo, cioè con la giustizia che deriva da Dio, basata sulla fede» (Fil 3,7-9).

Alla radice del cambiamento totale di prospettiva dell'apostolo Paolo c'è un incontro: l'incontro con Cristo! Egli, infatti, conclude: «Io sono stato conquistato da Gesù Cristo» (Fil 3,12). E, aprendo il cuore al discepolo Timoteo, Paolo confida: «Rendo grazie a Colui che mi ha dato la forza, Cristo Gesù Signore nostro, perché mi ha giudicato degno di fiducia chiamandomi al ministero: io che per l'innanzi ero stato un bestemmiatore, un persecutore e un violento. Ma mi è stata usata misericordia, perché agivo senza saperlo, lontano dalla fede; così la grazia del Signore nostro ha sovrabbondato insieme alla fede e alla carità che è in Cristo Gesù. Questa parola è sicura e degna di essere da tutti accolta: Cristo Gesù è venuto nel mondo per salvare i peccatori e di questi il primo sono io» (1Tm 1,12-15).

In queste parole si avverte che nella vita di Paolo c'è stato un incontro, che ha dato una svolta completamente nuova alla sua vita: è l'incontro con Cristo. A motivo di questo incontro, Paolo può parlare di Cristo con la passione che conosciamo.

Passiamo all'autunno dell'anno 1205: Francesco d'Assisi, già battezzato e dopo aver vissuto per oltre vent'anni in una famiglia cristiana e in un paese cristiano, non ha ancora fatto l'*incontro vivo con il Dio vivente* svelato da Gesù. Racconta Tommaso da Celano: «Un giorno, passò accanto alla chiesa di San Damiano, quasi in rovina e abbandonata da tutti. Condotto dallo Spirito, entra a pregare, si prostra supplice e devoto davanti al Crocifisso e, toccato in modo straordinario dalla grazia divina, si ritrova totalmente cambiato. Mentre egli è così profondamente commosso, all'improvviso – cosa da sempre inaudita! – l'immagine di Cristo crocifisso, dal dipinto gli parla, movendo le labbra. "Francesco, – gli dice chiamandolo per nome – va', ripara la mia casa che, come vedi, è tutta in rovina". Francesco è tremante e pieno di stupore, e quasi perde i sensi a queste parole. Ma subito si dispone ad obbedire e si concentra tutto su questo invito. Ma, a dir vero, poiché neppure lui riuscì mai ad esprimere l'ineffabile trasformazione che percepì in se stesso, conviene anche a noi coprirla con un velo di silenzio. Da quel momento si fissò nella sua anima santa la compassione del Crocifisso e, come si può piamente ritenere, le venerande stimmate della passione, quantunque non ancora nella carne, gli si impressero profondamente nel cuore» (*Vita Seconda*, 593).

Che cosa accade? Francesco scopre il vero volto di Dio guardando e ascoltando il Crocifisso! E da allora comincia a provare *compassione del Signore*, cioè sente il bisogno di rispondere all'Amore con l'Amore! E così nasce il cristiano Francesco d'Assisi.

Anno 1654, notte tra il 23 e il 24 novembre: Blaise Pascal, già trentenne, apre gli occhi e si incontra con il volto di Dio svelato da Gesù. Leggiamo il *Memoriale*, che è un documento lucidissimo di fede cristiana. È il momento dell'incontro, il momento in cui Pascal apre gli occhi sul volto di Dio svelato da Gesù Crocifisso: «Dio d'Abramo, Dio d'Isacco, Dio di Giacobbe, non dei filosofi e dei dotti. Certezza. Certezza. Sentimento. Gioia. Pace. Dio di Gesù Cristo. *Deum meum et Deum vestrum*. La vita eterna è questa: che conoscano te, solo vero Dio, e colui che hai mandato Gesù Cristo. Gesù Cristo! Gesù Cristo! Io me n'ero separato; io l'ho fuggito, rinnegato, crocifisso. Che non ne sia mai più separato». Gli occhi del cristiano Pascal si aprono sulla novità del volto di Dio svelato da Gesù crocifisso: e inizia un nuovo periodo della sua vita.

30 ottobre 1886: il giovane Charles de Foucauld ha il cuore inquieto, ma talmente assetato di verità da rivolgere a Dio questa singolare preghiera: «O Dio, se esistete, fate che io vi conosca». Si accosta al confessionale dell'abbé Huvelin nella chiesa di Sant'Agostino a Parigi. Avviene l'incontro! E tutto cambia: «Appena io ebbi creduto che un Dio esiste, capii che non potevo far altro che vivere per Lui solo: la mia vocazione religiosa è nata nello stesso istante in cui è nata la mia fede. Dio è tanto grande! C'è tanta differenza tra Dio e tutto ciò che non è Lui».

Charles de Foucauld incontrò il *volto di Dio svelato da Gesù* nell'esperienza viva dell'amore misericordioso, fatta nel sacramento del perdono e, da quel momento, divenne un vetro trasparente, al di là del quale si vedeva il volto di Cristo.

Ed ecco un'altra persona profondamente trasformata dall'incontro con Gesù: Jacques Fesch. Egli, nell'ottobre dell'anno 1954, dopo circa otto mesi di detenzione per aver commesso un grave delitto, si apre al dono della fede e incontra Gesù e la sua vita cambia radicalmente. Ecco il suo racconto: «Era una sera, nella mia cella... Nonostante tutte le catastrofi che da alcuni mesi si erano abbattute sulla mia testa, io restavo ateo convinto... Ora, quella sera, ero a letto con gli occhi aperti e soffrivo realmente per la prima volta nella mia vita con un'intensità rara, per ciò che mi era stato rivelato riguardo a certe cose di famiglia (si stava sfasciando tutto!) ed è allora che un grido mi scaturì dal petto, un appello al soccorso: *Mon Dieu! Mon Dieu!* E istantaneamente, come un vento violento che passa senza che si sappia donde viene, lo Spirito del Signore mi prese alla gola». E, in una lettera all'amico padre Thomas, precisa: «Ho creduto e non capivo più come facevo prima a non credere. La grazia mi ha visitato e una grande gioia s'è impossessata di me e soprattutto una grande pace. Tutto è diventato chiaro in pochi istanti. Era una gioia sensibile fortissima...».

Jacques Fesch accoglie la «buona notizia» e, aggrappato a questa certezza di Dio-Amore, diventa così forte da poter affrontare anche la prova terribile della condanna a morte. Scriverà poche ore prima di piegarsi alla ghigliottina: «Ancora soltanto qualche ora di lotta, prima di conoscere Colui che è l'Amore! Ha tanto sofferto Lui per me... Attendo l'Amore, attendo di essere inebriato da torrenti di gaudio e di cantare eterne lodi alla gloria del Risorto... Dio è Amore! Non temere, fratello mio! Io porto il tuo nome lassù, inciso nel mio cuore... A rivederci in Dio. Io ti lascio, fratello mio. Ti abbraccio in Cristo Gesù e in Maria».

E aggiunge: «Attendo nella notte e nella pace. Ho gli occhi fissi al Crocifisso e i miei sguardi non si distolgono dalle piaghe del mio Salvatore. Mi ripeto instancabilmente: "È per te". Voglio serbare quest'immagine sino alla fine, io che soffrirò così poco. Attendo l'Amore! Fra cinque ore vedrò Gesù! Reciterò il Rosario e le preghiere per i moribondi, poi rimetterò la mia anima a Dio. Buon Gesù, aiutami! Gesù, arrivo!».

Anche in Benedetta Bianchi Porro (1936-1964) è chiarissima la dinamica dell'incontro che cambia la vita. Benedetta è una ragazza segnata da una terribile malattia e, progressivamente, diventa paralizzata, sorda, senza odorato, senza olfatto, senza tatto... e infine cieca. Inizialmente prova sentimenti di disperazione, ma poi tutto cambia: tutto cambia nel momento in cui avviene l'incontro vivo con il Dio vivente!

Benedetta ha conosciuto la prova tremenda del vuoto di significato della vita: questa prova la rende tanto vicina alle nuove generazioni, la rende contemporanea all'uomo d'oggi. Ascoltiamo due squarci della sua anima in una lettera all'amica Anna (siamo nell'anno 1953), prima dell'incontro con il Signore: «Le tue parole così serene e calme placano la tempesta del mio animo. Anch'io... desidero rifugiarmi nella quiete di un porto, ma la mia barca è fragile, le mie vele sono squarciate dal fulmine, i remi spezzati e la corrente mi trascina lontano... Vorrei poter raggiungere l'equilibrio, vorrei poter affrontare il mondo con entusiasmo e vedere che gli uomini sono buoni e le cose sono belle: che insomma val la pena di vivere qualunque vita, come pensi tu. Ma temo che non vi sia in ciò felicità, temo solo che tutto sia illusione: e l'illusione mi fa tremare più della disperazione. Mi agito e lotto vanamente perché non voglio trovare dolore dove spero ancora possa esservi pace... Si direbbe che il tempo scivoli, istante per istante, silenzioso e riservato: i giorni sono tristi e monotoni, nessuna novità, nessun entusiasmo, un po' di rassegnazione e molta infelicità. Il lago è grigio, il cielo è nebbioso: talvolta, quando sento gli occhi pieni di lacrime e il pianto che mi chiude la gola, non so se sia il freddo o i ricordi. Sai, Anna, mi sembra di essere in una palude infinita e monotona e di sprofondare lentamente, lentamente senza dolore o rimpianto, così incosciente e indifferente verso ciò che avverrà quando anche l'ultimo tratto di cielo scomparirà e il fango si chiuderà sopra di me». In un'altra lettera alla stessa amica Anna, sempre nel 1953, Benedetta sviluppa ulteriormente il tema della disperazione e lo collega alla mancanza di «senso» che ella sta avvertendo. Scrive: «Come è bello viaggiare, Anna! Appena potrò, io credo che me ne andrò subito e viaggerò sempre. Penso che non ci sia nessuno a cui non piaccia ciò: viaggiare è dimenticare la monotonia della vita, è fuggire la nostra inquietudine, la nostra perenne noia. Io sono sempre più stolta, sempre più inquieta. A volte trovo un equilibrio e sono piena d'amore e comprensione per tutti, a volte invidio l'incoscienza (ma è veramente tale?) degli altri e mi sento sciocca; io che cerco dalla vita ciò che non c'è e non so neppure cosa sia, ma molto spesso sono piena di dubbi, precipito nel più profondo scetticismo. Non credi che lo scetticismo sia affascinante, se non altro perché ci toglie il pensiero di trovare da noi una realtà? Ho paura di questa mia inconclusione, di queste tenebre: mi sento così falsa, così inutile, così vuota! A volte temo che mi stancherei anche della felicità e dell'eternità, e da questo comprendo di vagare nel buio. Sapessi, Anna, come ho bisogno del tuo aiuto! Desidero tanto la verità, non desidero che questo, ma nessuno ne sa nulla!». Come è sconsolata questa affermazione: «Nessuno ne sa nulla!». Benedetta è appena all'inizio del suo calvario e sta barcollando e teme di precipitare nel vuoto di una vita senza speranza e senza significato: il momento è davvero terribile!

Benedetta poteva diventare una delle tante disperate che si affacciano nello scenario della vita, poteva diventare un'acida esploratrice del dolore umano, poteva decidersi per il suicidio: quando niente ha senso, tutto è possibile! Ma, misteriosamente, la situazione di Benedetta cambia: qualcosa accade, anche se non sappiamo quando e come.

È bello che Benedetta abbia conservato il silenzio sul momento dell'incontro, che ha capovolto la sua situazione non modificandola, ma cambiando il suo cuore e, di conseguenza, la lettura della sua situazione. Benedetta, in altre parole, incontrando Cristo scopre il senso della vita e da quel momento tutto cambia nel suo rapporto con la vita.

Ascoltiamo due fondamentali lettere indirizzate a Maria Grazia e alla mamma dopo l'incontro con Gesù. A Maria Grazia (siamo nell'anno 1958) scrive: «Io penso che cosa meravigliosa è la vita (anche nei suoi aspetti più terribili) e la mia anima è piena di gratitudine e di amore verso Dio, per questo!».

E rivolgendosi alla mamma che era andata a Milano per un po' di tempo, Benedetta con estrema delicatezza alza un lembo di velo e lascia capire che qualcosa di meraviglioso è accaduto nella sua anima. Confida: «Cara mamma, quanto a me sto come sempre. Ma da quando – siamo nel 1961 – so che c'è Chi mi guarda lottare, cerco di farmi forte: come è bello, così, mammina! Io credo all'Amore disceso dal Cielo, a Gesù Cristo e alla Sua Croce gloriosa! Sì, io credo all'amore! Tu mi dirai che io in Gesù ci sono nata. Sì, ma prima lo sentivo così lontano! Ora so invece che Dio è dappertutto (pure nel dolore!) anche se noi non lo vediamo, addirittura il regno di Dio è in noi».

Nessuno può negare che nella vita di Benedetta ci sia stato un reale capovolgimento a partire dalla sua anima: *qui* è avvenuto il cambiamento, perché c'è stato un incontro con Gesù. Mentre Benedetta stava entrando in una terra sconfinata di dolore, le sue reazioni, da un certo momento in poi, sono un'autentica *escalation* di gioia e di fiduciosa speranza. Qui evidentemente si è inserito Dio, e la presenza di Dio compie il miracolo della pace dentro la tempesta; ed è un miracolo certamente più grande di una guarigione fisica. Leggendo le lettere di Benedetta si resta con il fiato sospeso.

Noi abbiamo avuto questo incontro o ci siamo, fino ad oggi, difesi strenuamente da questo incontro? Siamo *professori* di Dio o *testimoni* di Dio?

Dall'incontro vivo con Cristo parte il dinamismo della conversione continua, che deve caratterizzare ogni autentica vita cristiana. Ma è così? È così per noi?

Non vi accorgete che si sta diffondendo una «religione del fare» che prescinde completamente da «ciò che si è»?

Negli Atti degli Apostoli per ben otto volte la vita cristiana viene indicata con il nome di «via» (*odós*)! È un forte segnale.

Quanto possiamo riconoscere la nostra esperienza personale come esperienza di continua conversione? Ci sentiamo in un cammino di amore che risponde all'Amore? E quanto il nostro apostolato guida e orienta gli altri in una esperienza cristiana, che sia continuo cammino di conversione?

3

QUALE VIA DOBBIAMO PERCORRERE PER INCONTRARE IL SIGNORE?

Tutto si trova dove ci si trova.
MARTIN BUBER

La grande tentazione è credere che sia troppo tardi. Bisogna pensare che il nostro grande privilegio, la nostra luce è che noi stessi possiamo decidere di non invecchiare.
EMMANUEL MOUNIER

La via di Dio passa dentro la storia

Eugenio Ionesco un giorno dichiarò: «Io corro al telefono, quando squilla, nella speranza, ogni volta delusa, che possa essere Dio che mi telefona o almeno uno dei suoi angeli di segreteria...».

No, Dio non si incontra così: ci vuole un altro atteggiamento! Alla fine della sua vita Ionesco dichiarò in una intervista: «Gli uomini che apprezzo di più sono i santi, i grandi mistici: Giovanni della Croce, Teresa d'Avila, Francesco d'Assisi.... Avrei dovuto vivere in un ambiente monacale, in una vita religiosa...».

Ionesco, al termine della sua vita, si accorse che qualcosa non aveva funzionato nella sua ricerca di Dio: egli aveva aspettato un segno straordinario, mentre Dio si muove nella trama ordinaria della storia. La Scrittura, a tale proposito, ci dà una precisa indicazione.

Infatti, a conclusione del racconto del peccato, che ha reso opaca la creazione, Dio dice: «Io porrò inimicizia tra te e la donna, tra la tua discendenza e la sua discendenza: questa ti schiaccerà la testa e tu le insidierai il calcagno» (Gn 3,15). La «discendenza della Donna» (come, purtroppo, anche la «discendenza di satana») è dentro la storia: Dio, allora, ci invita a guardare dentro la storia per cogliere un rivolo di luce, un segno di presenza, una manifestazione di *Dio che salva.*

Facciamoci, pertanto, pellegrini di Dio dentro la storia!

Dobbiamo riconoscere che, per certi aspetti, la storia umana è terribile (c'è la discendenza del serpente-satana!), ma Dio ha pazientemente scavato una sua strada e la Bibbia ce la racconta, affinché possiamo riconoscerla. Precisiamo subito che, avendo deciso di salvare la storia entrando nella storia, Dio sceglie un luogo (spazio) e un momento (tempo): e noi, attraverso la fede, abbiamo riconosciuto questo spazio e questo tempo! Seguiamo, allora, le orme di Dio dentro la storia con lo sguardo attento a cogliere le *costanti* dell'agire di Dio.

Ed ecco il primo costante comportamento di Dio mentre si muove dentro la storia: Dio, dopo il peccato, continua a cercare l'uomo; e lo cerca bussando alla porta della sua libertà; e cercando la collaborazione di alcuni, Dio desidera arrivare a raggiungere tutti.

Perché Dio si comporta così? Perché Dio rispetta la libertà umana al punto da apparire «un mendicante» del «sì» degli uomini? Dentro questo comportamento di Dio c'è il Suo mistero d'amore. Georges Bernanos acutamente ha osservato: «Il grande scandalo della creazione non è la sofferenza, ma è la libertà». E Pavel Evdokimov ha aggiunto: «L'uomo può dire: "Sia fatta la tua volontà!" Ma può anche dire: "Non sia fatta la tua volontà!". La libertà può dare origine all'inferno, ma può anche aprirsi al dono del Paradiso».

Dio cerca la collaborazione dell'uomo

Una cosa comunque è certa ed è gravida di responsabilità per noi: Dio si muove nella storia degli uomini chiedendo

la collaborazione degli uomini; Dio bussa alla porta della nostra libertà e aspetta le nostre risposte.

Emblematica è una pagina della Scrittura: quella che racconta la chiamata di Mosè, dopo il suo fallito tentativo di intervento nella storia senza la chiamata di Dio e per vie diverse da quelle di Dio.

Ecco il racconto: «Mosè stava pascolando il gregge di Ietro, suo suocero, sacerdote di Madian, e condusse il bestiame oltre il deserto e arrivò al monte di Dio, l'Oreb. L'angelo del Signore gli apparve in una fiamma di fuoco in mezzo a un roveto. Egli guardò ed ecco: il roveto ardeva nel fuoco, ma quel roveto non si consumava. Mosè pensò: "Voglio avvicinarmi a vedere questo grande spettacolo: perché il roveto non brucia?". Il Signore vide che si era avvicinato per vedere e Dio lo chiamò dal roveto e disse: "Mosè, Mosè!". Rispose: "Eccomi!". Riprese: "Non avvicinarti! Togliti i sandali dai piedi, perché il luogo sul quale tu stai è una terra santa!". E disse: "Io sono il Dio di tuo padre, il Dio di Abramo, il Dio di Isacco, il Dio di Giacobbe". Mosè allora si velò il viso, perché aveva paura di guardare verso Dio. Il Signore disse: "Ho osservato la miseria del mio popolo in Egitto e ho udito il suo grido a causa dei suoi sorveglianti; conosco infatti le sue sofferenze. Sono sceso per liberarlo dalla mano dell'Egitto e per farlo uscire da questo paese verso un paese bello e spazioso, verso un paese dove scorre latte e miele, verso il luogo dove si trovano il Cananeo, l'Hittita, l'Amorreo, il Perizzita, l'Eveo, il Gebuseo. Ora dunque il grido degli Israeliti è arrivato fino a me e io stesso ho visto l'oppressione con cui gli Egiziani li tormentano. Ora va'! Io ti mando dal faraone. Fa' uscire dall'Egitto il mio popolo, gli Israeliti!". Mosè disse a Dio: "Chi sono io per andare dal faraone e per far uscire dall'Egitto gli Israeliti?". Rispose: "Io sarò con te. Eccoti il segno che io ti ho mandato: quando tu avrai fatto uscire il popolo dall'Egitto, servirete Dio su questo monte"» (Es 3,1-12). Dio si muove nella storia cercando la collaborazione degli uomini: il fatto è innegabile!

Ugualmente nitida è la fotografia del comportamento di Dio nel racconto della vocazione di Isaia. Il profeta, in un momento di intensa esperienza della trascendenza di Dio, esclama: «Ohimè! Io sono perduto, perché un uomo dalle labbra impure io sono e in mezzo a un popolo dalle labbra impure io abito; eppure i miei occhi hanno visto il re, il Signore degli eserciti» (Is 6,5).

Il profeta ha ragione di proclamare la propria indegnità. Ma Dio lo cerca e lo purifica e arriva a confidargli: «Chi manderò e chi andrà per noi?» (Is 6,8). È impressionante questo interrogativo uscito dal mistero di Dio. L'interrogativo attende una risposta ed essa non tarda ad uscire dalle labbra purificate di Isaia: «Eccomi, manda me!» (Is 6,8).

Dio si manifesta, ancora una volta, come un ostinato cercatore di collaborazione, come un tenace «mendicante» del «sì» degli uomini. Questa caratteristica di Dio ci colpisce, ci commuove e ci fa riflettere profondamente, perché la nostra storia di credenti fiorisce proprio da questo comportamento di Dio.

Per adesso fermiamoci qui e custodiamo la notizia che Dio passa attraverso la porta dei nostri «sì». La vita è il tempo della nostra risposta: e la risposta dà senso a tutta l'avventura della nostra vita di credenti.

Alcune conseguenze per la nostra vita

Mi sembra bello trarre alcune conseguenze, che derivano da questo raggio di luce raccolto lungo i passi di Dio dentro la nostra storia.

La prima conseguenza è teologica: l'agire di Dio svela l'essere di Dio! Se Dio cerca la collaborazione dell'uomo, la Sua onnipotenza non va presentata come un potere che fa o può fare tutto ciò che vuole. L'onnipotenza di Dio è onnipotenza d'amore e l'amore può fare soltanto ciò che l'amore può volere. E l'amore si propone, si offre, si consegna, ma non sarebbe più amore se sfondasse la porta della libertà. Tanto è vero che, nell'Apocalisse, il volto di Dio è dipinto con questi tratti precisi: «Ecco io sto alla porta e busso. Se qualcuno ascolta la mia voce e mi apre la porta, io verrò a lui» (Ap 3,20). Come si carica di bellezza e di responsabilità la nostra vita alla luce di questo inconfondibile e irrinunciabile stile di Dio!

Ben a ragione ha scritto François Varillon: «Tutta la storia della rivelazione è la conversione progressiva da un Dio inteso come potenza a un Dio adorato come amore. In questa prospettiva dovremmo rileggere tutta la Bibbia. Affermare che Dio è soltanto onnipotente significa porre come fondamento una potenza che può esercitarsi anche attraverso il dominio e la distruzione. Ci sono esseri che sono potenti per distruggere (chiedetelo a Hitler, che ha distrutto sei milioni di ebrei!). Molti cristiani mettono l'onnipotenza come sfondo e poi, solo in un secondo momento, aggiungono: Dio è amore, Dio ci ama. È falso! L'onnipotenza di Dio è l'onnipotenza dell'amore: è l'amore che è onnipotente!

Talvolta si dice: Dio può tutto! No, Dio non può tutto, Dio può soltanto ciò che l'amore può, perché Egli non è altro che amore. E tutte le volte che usciamo dalla sfera dell'amore ci inganniamo su Dio e stiamo costruendoci un falso "dio".

Spero che voi cogliate la differenza fondamentale che c'è tra un onnipotente che ci amerebbe e un amore onnipotente.

In Dio non esiste altra potenza all'infuori della potenza dell'amore e Gesù ci dice (Lui, che ci rivela chi è Dio): "Nessuno ha un amore più grande di questo: dare la vita per i propri amici" (Gv 15,13). Egli ci rivela l'onnipotenza dell'amore accettando di morire per noi. Quando Gesù è stato preso dai soldati, legato, incatenato nell'orto degli ulivi, ci dice egli stesso che avrebbe potuto fare appello a legioni di angeli che l'avrebbero strappato dalle mani dei soldati. Ma si è guardato bene dal farlo perché, in quel modo, ci avrebbe rivelato un falso Dio, ci avrebbe rivelato un onnipotente invece di rivelarci il vero Dio, Colui che arriva fino a dare la vita per i propri amici. La morte di Cristo ci rivela la qualità dell'onnipotenza di Dio; non è un'onnipotenza di dominio, di sopraffazione, non è una potenza arbitraria tale da farci dire: che cosa trama lassù, nella sua eternità? No, egli non è altro che amore, e quest'amore è onnipotente».

La seconda conseguenza è pastorale: dobbiamo suscitare collaborazione e non temerla; dobbiamo educare alla responsabilità; dobbiamo gioire nel veder crescere la responsabilità; non dobbiamo occupare tutti gli spazi: dobbiamo imparare da Dio, che è il rispettoso educatore del Suo popolo e il tenace suscitatore di responsabilità. Mosè capì mirabilmente lo stile di Dio e ne fece la norma del suo agire: basta leggere il libro dei Numeri (11,10-30).

La terza conseguenza è sviluppo della seconda: è un preciso orientamento educativo secondo lo stile di Dio. Dobbiamo, cioè, educare i giovani (e gli adulti) a vivere la libertà come possibilità di dire un «sì» a Dio attraverso il dono di sé, perché è nel dono di sé che si arriva alla realizzazione della vita. Oggi, però, la cultura dell'edonismo va in senso contrario al Vangelo. La rivista *Der Spiegel*, alcuni anni fa, ha pubblicato in copertina l'immagine di un giovane che bacia se stesso allo specchio, con sotto il seguente commento: «La società dell'io!». Ma la società dell'io, diciamolo chiaramente, sfocia nell'arte mostruosa di essere egoisti e, quindi, infelici. Purtroppo questa è l'aria che respirano i giovani. Però nei giovani c'è un desiderio, una domanda nuova di significato della vita. In una stazione della metropolitana di Milano, nel 1968 apparve questa scritta: «Dio è la risposta!». Dopo alcuni giorni un'altra mano aggiunse sotto: «E qual è la domanda?». Molti giovani non la conoscono più, perché non sanno più che il senso della vita è il dono di sé attraverso un «sì» libero, che Dio stesso aspetta per riempirlo di felicità. Dobbiamo rimettere in moto una nuova passione educativa, che restituisca alle nuove generazioni il gusto del «sì» attraverso il dono di se stessi. Desidero, a tale proposito, raccontarvi una storia illuminante. Nel mese di giugno dell'anno 2001 ho avuto un incontro indimenticabile. Erano le dieci di sera: avevamo appena terminato la preghiera serale e la piazza del Santuario di Loreto si animava di voci, di saluti, di sorrisi e di «buona notte». Mi accosto a una culletta, ma non vedo un bambino bensì una donna adulta, un piccolissimo corpo (58 centimetri!) con un volto splendidamente sorridente. Tendo la mano per salutare, ma l'ammalata con gentilezza mi risponde: «Padre, non posso darle la mano, perché potrebbe fratturarmi le dita: io soffro di osteogenesi imperfetta e le mie ossa sono fragilissime. Voglia scusarmi». Non c'era nulla da scusare. Rimasi affascinato dalla serenità e dalla dolcezza dell'ammalata e volevo sapere qualcosa di più della sua vita. Mi prevenne e mi disse: «Padre, sotto il cuscino della mia culletta c'è un piccolo diario. È la mia storia! Se ha tempo, può leggerla». Presi i fogli e lessi il titolo: *Felice di vivere!* I miei occhi tornarono a guardare quel mistero di gioia crocifissa e domandai: «Perché sei felice di vivere? Puoi anticiparmi qualcosa di quello che hai scritto?». Ecco la risposta che consegno a tutti gli educatori e a tutti coloro che amano veramente e lealmente i giovani: «Padre, lei vede le mie condizioni... ma la cosa più triste è la mia storia! Potrei intitolarla così: abbandono! Eppure sono felice, perché ho capito qual è la mia vocazione.

Io, per un disegno d'amore del Signore, esisto per gridare a coloro che hanno la salute: "Non avete il diritto di tenerla per voi, la dovete donare a chi non ce l'ha, altrimenti la salute marcirà nell'egoismo e non vi darà felicità".

Io esisto per gridare a coloro che si annoiano: "Le ore in cui voi vi annoiate... mancano a qualcuno che ha bisogno di affetto, di cure, di premure, di compagnia; se non regalerete quelle ore, esse marciranno e non vi daranno felicità".

Io esisto per gridare a coloro che vivono di notte e corrono da una discoteca all'altra: "Quelle notti, sappiatelo, mancano, drammaticamente mancano a tanti ammalati, a tanti anziani, a tante persone sole che aspettano una mano che asciughi una lacrima: quelle lacrime mancano anche a voi, perché esse sono il seme della gioia vera! Regalate le notti che ora sciupate inutilmente, altrimenti esse saranno la tomba della vostra felicità"».

Io guardavo l'ammalata, che parlava dal suo pulpito autorevole: il pulpito del dolore! Non osavo commentare, perché tutto era stupendamente e drammaticamente vero. L'ammalata aggiunse: «Padre, non è bella la mia vocazione?». Risposi abbassando la testa: ero d'accordo!

Un'ultima riflessione: la porta del mio «sì» è totalmente aperta a Dio? E non basta un «sì»: c'è un «sì» fondante, ma da questo «sì» debbono sbocciare tantissimi altri «sì». Come è accaduto a Maria! In Lei il «sì» dell'annunciazione ha fondato lo stile di tutta una vita modellata sul «sì». Infatti se il primo «sì» non sboccia continuamente e gioiosamente in altri «sì», vuol dire che ha dentro di sé tante zone d'ombra foriere di continue incoerenze. Interroghiamoci sulla qualità e sulla densità del nostro «sì» al Signore: restiamo lungamente in silenzio e facciamo emergere la verità delle nostre zone d'ombra, affinché siano risanate dall'acqua del pentimento.

4

MENTRE DIO CERCA LA COLLABORAZIONE, SVELA UNA IRRINUNCIABILE CONDIZIONE PER L'INCONTRO: L'UMILTÀ!

Credevo che, per incontrare Dio, bisognasse salire.
Finalmente ho capito che bisogna scendere:
Dio si può incontrare soltanto nell'umiltà.
CHARLES DE FOUCAULD

Mentre Dio chiama l'uomo alla collaborazione, viene fuori un altro sorprendente aspetto del suo mistero: Dio può introdurre l'uomo alla collaborazione nella misura in cui l'uomo si presenta nella verità della sua povertà, della sua piccolezza, della sua umiltà.

Infatti – e questo appare chiaramente nella Bibbia – solo gli umili sono capaci di aprirsi a Dio e di farsi condurre da Lui che, nel Salmo 68, significativamente arriva a definirsi «padre degli orfani e difensore delle vedove».

Ecco una veloce ma folgorante carrellata, che testimonia questo nuovo aspetto del comportamento di Dio nella storia.

Abramo: un «vecchio» è chiamato a diventare «padre» di popoli

Quando Dio chiama Abramo, promettendogli di far nascere da lui un grande popolo (Gn 12,2), Abramo è un «vecchio» e sua moglie Sara è «anziana e sterile». La situazione è paradossale. Ma Dio sceglie proprio questa situazione. Racconta la Bibbia, con un candore misto di semplicità e ilarità: «Dopo tali fatti, questa parola del Signore fu rivolta ad Abramo in visione: "Non temere, Abram. Io sono il tuo Scudo; la tua ricompensa sarà molto grande". Rispose Abram: "Mio Signore Dio, che mi darai? Io me ne vado senza figli e l'erede della mia casa è Eliezer di Damasco". Soggiunse Abram: "Ecco, a me non hai dato discendenza e un mio domestico sarà mio erede". Ed ecco gli fu rivolta questa parola del Signore: "Non costui sarà il tuo erede, ma uno nato da te sarà il tuo erede". Poi lo condusse fuori e gli disse: "Guarda il cielo e conta le stelle, se riesci a contarle" e soggiunse: "Tale sarà la tua discendenza". Egli credette al Signore, che glielo accreditò come giustizia» (Gn 15,1-6).

Abramo si trova davanti al cielo pieno di stelle, con una promessa più grande delle stelle. È questo il paradosso della fede, è questa la sfida del povero che si appoggia totalmente a Dio, è questa la via vincente di Dio in mezzo al fatiscente orgoglio degli uomini.

Giacobbe a Betel: Dio «poggia la scala» sulle «spalle fragili» di un fuggiasco

Giacobbe incontra Dio proprio quando si trova solo, fuggiasco, senza difese e sicurezze, fuori della cerchia protettiva del clan, nel buio pericoloso della notte. La Bibbia puntualmente registra questo momento per consolare i poveri di tutti i tempi e di tutte le latitudini: «Giacobbe partì da Bersabea e si diresse verso Carran. Capitò così in un luogo dove passò la notte, perché il sole era tramontato; prese una pietra, se la pose come guanciale e si coricò in quel luogo. Fece un sogno: una scala poggiava sulla terra, mentre la sua cima raggiungeva il cielo; ed ecco gli angeli di Dio salivano e scendevano su di essa. Ecco il Signore gli stava davanti e disse: "Io sono il Signore, il Dio di Abramo tuo padre e il Dio di Isacco. La terra sulla quale tu sei coricato la darò a te e alla tua discendenza. La tua discendenza sarà come la polvere della terra e ti estenderai a occidente e ad oriente, a settentrione e a mezzogiorno. E saranno benedette per te e per la tua discendenza tutte le nazioni della terra. Ecco io sono con te e ti proteggerò dovunque tu andrai; poi ti farò ritornare in questo paese, perché non ti abbandonerò senza aver fatto tutto quello che t'ho detto". Allora Giacobbe si svegliò dal sonno e disse: "Certo il Signore è in questo luogo e io non lo sapevo". Ebbe timore e disse: "Quanto è terribile questo luogo! Questa è proprio la casa di Dio, questa è la porta del cielo!". Alla mattina presto Giacobbe si alzò, prese la pietra che si era posta come guanciale, la eresse come una stele e versò olio sulla sua sommità» (Gn 28,10-18).

È una pagina sublime! «Il Signore è in questo luogo e io non lo sapevo»: di quale luogo si tratta? Il racconto chiaramente lascia intravedere che si tratta del *luogo dell'umiltà.* Giacobbe ora è un povero e la sua povertà fiorisce in esperienza di Dio: così è stato e così sarà sempre. Giacobbe con la sua vita narra l'esperienza del Salmo 40,1-4:

> Ho sperato: ho sperato nel Signore
> ed egli su di me si è chinato,
> ha dato ascolto al mio grido.
> Mi ha tratto dalla fossa della morte,
> dal fango della palude;
> i miei piedi ha stabilito sulla roccia,
> ha reso sicuri i miei passi.
> Mi ha messo sulla bocca un canto nuovo,
> lode al nostro Dio.

Giacobbe ha sperimentato la «palude» della paura, ha sentito la desolazione dello sfinimento, ha provato l'amarezza della solitudine.

Ma in questa situazione di «limite», il cuore di Giacobbe ha gioito davanti a un'impensabile sorpresa: la sorpresa di trovarsi Dio «accanto».

Giacobbe a Penuel: una lotta per diventare sicuro senza le proprie sicurezze

Mentre ripercorre la via del ritorno verso casa, Giacobbe vive un'altra esperienza di drammatica povertà che, puntualmente, è attraversata da Dio, amico fedele degli umili.

Giacobbe, quando vede in lontananza la sua terra, ha un tuffo al cuore per l'emozione, ma avverte anche una grande paura. Egli sa che lì c'è suo fratello ancora adirato verso di lui, che potrebbe facilmente vendicarsi colpendolo negli affetti più cari. Giacobbe non ha vie di uscita e prega accoratamente così: «Dio del mio padre Abramo e Dio del mio padre Isacco; Signore, che mi hai detto: "Ritorna al tuo paese, nella tua patria e io ti farò del bene", io sono indegno di tutta la tua benevolenza e di tutta la fedeltà che hai usato verso il tuo servo. Con il mio bastone soltanto avevo passato questo Giordano e ora sono diventato tale da formare due accampamenti. Salvami dalla mano del mio fratello Esaù, perché io ho paura di lui: egli non arrivi e colpisca me e tutti, madre e bambini! Eppure tu hai detto: "Ti farò del bene e renderò la tua discendenza come la sabbia del mare, tanto numerosa che non si può contare"» (Gn 32,10-13). Giacobbe, che era stato un uomo astuto e consapevole della propria astuzia, ora ha tanta paura: ora, finalmente, parla da autentico povero. Il torrente Iabbok, davanti al quale egli si ferma, è un vero confine nella sua vita. Che fare? Attraversare il fiume e affrontare il fratello? Fidarsi di Dio? Oppure tornare indietro e usare le cautele e le difese umane di tutti e di sempre?

Giacobbe lotta (Gn 32,23-33): è una lotta per la fede, è una lotta per farsi povero delle proprie sicurezze, è una lotta per abbandonarsi nelle braccia di Dio. E vince la fede. E Giacobbe decide di attraversare il torrente Iabbok. E Dio gli cambia il nome: «Non ti chiamerai più Giacobbe, ma Israele, perché hai combattuto con Dio e con gli uomini ed hai vinto» (Gn 32,29). Nella vita tutti, prima o poi, ci troviamo davanti a un torrente Iabbok: anche noi siamo Giacobbe e dobbiamo diventare Israele!

Giacobbe incrocia le braccia

Giacobbe, giunto al termine della sua lunga vita, mentre si trova in Egitto insieme ai suoi figli, compie un gesto che profuma di Vangelo.

Egli ormai ha capito lo stile di Dio, ha capito la preferenza di Dio e vuole farla diventare norma della sua vita.

Racconta il libro della Genesi: «Poi Israele vide i figli di Giuseppe e disse: "Chi sono questi?". Giuseppe disse al padre: "Sono i figli che Dio mi ha dato qui". Riprese: "Portameli perché io li benedica!". Ora gli occhi di Israele erano offuscati dalla vecchiaia: non poteva più distinguere. Giuseppe li avvicinò a lui, che li baciò e li abbracciò. Israele disse a Giuseppe: "Io non pensavo più di vedere la tua faccia ed ecco, Dio mi ha concesso di vedere anche la tua prole!". Allora Giuseppe li ritirò dalle sue ginocchia e si prostrò con la faccia a terra. Poi li prese tutti e due, Efraim con la sua destra, alla sinistra di Israele, e Manasse con la sua sinistra, alla destra di Israele, e li avvicinò a lui. Ma Israele stese la mano destra e la pose sul capo di Efraim, che pure era il più giovane, e la sua sinistra sul capo di Manasse, incrociando le braccia, benché Manasse fosse il primogenito» (Gn 48,8-14). Giuseppe si meraviglia per il gesto imprevisto dell'anziano padre e gli fa notare che ha sbagliato la posizione delle mani e, con l'intenzione di aiutarlo, «prese la mano del padre per toglierla dal capo di Efraim e porla sul capo di Manasse» (Gn 48,17). Ma Giacobbe rifiuta l'intervento di Giuseppe, perché egli ormai ha imparato la lezione: Giacobbe sa che Dio preferisce i piccoli, i secondi, coloro che non pesano d'orgoglio.

E vuole seguire la via di Dio.

Mosè: un «balbuziente» è inviato a «parlare» alla corte del faraone

Mosè viene chiamato da Dio, dopo il fallimento clamoroso della via umana della violenza (Es 2,11-15). Mosè ora è un povero fuggitivo: «Si allontanò dal faraone e si stabilì nel paese di Madian e sedette presso il pozzo» (Es 2,15). Chissà quali pensieri attraversarono la sua mente, chissà quali nostalgie lacerarono il suo cuore. Egli è lontano dal «palazzo» in cui è cresciuto vezzeggiato, protetto e lusingato. E il suo futuro? Mosè non lo conosce e non osa neppure pensarlo: ora egli è solo con la sua povertà.

E Dio lo cerca. E Dio lo chiama, perché soltanto ora Mosè può capire Dio e Dio può farsi capire da Mosè: i poveri si intendono tra di loro, meravigliosamente. Mosè, tuttavia, è preso da improvviso e giustificato stupore e il suo dialogo con Dio sottolinea la sproporzione tra la sua situazione e la missione alla quale Dio lo chiama: «Mio Signore, io non sono un buon parlatore; non lo sono mai stato prima e neppure da quando tu hai cominciato a parlare al tuo servo, ma sono impacciato di bocca e di lingua» (Es 4,10). Povero Mosè, egli non sa che queste ragioni non contano davanti a Dio. Lungo i passi di Mosè, nel lungo sentiero della salvezza, diventerà sempre più chiaro che «Dio ha scelto ciò che nel mondo è stolto per confondere i sapienti, Dio ha scelto ciò che nel mondo è debole per confondere i forti, Dio ha scelto ciò che nel mondo è ignobile e disprezzato e ciò che è nulla per ridurre a nulla le cose che sono, perché nessun uomo possa gloriarsi davanti a Dio» (1Cor 1,27-29).

Per questo la risposta di Dio provoca ancora l'incerto Mosè e lo invita a crescere nella fede: «Chi ha dato una bocca all'uomo o chi lo rende muto o sordo o veggente o cieco? Non sono forse io, il Signore? Ora va'! Io sarò con la tua bocca e ti insegnerò quello che dovrai dire» (Es 4,11-12).

Mosè, tuttavia, non si lascia convincere dalle insistenze divine e risponde in un modo che avrebbe deluso chiunque:

«Perdonami, Signore mio, manda chi vuoi mandare!» (Es 4,13). Ma Dio non si stanca, perché l'umiltà di Mosè lo affascina. E Mosè, finalmente, si butta tra le braccia di Dio in un atto totale di fede: e un uomo fallito diventa il liberatore del suo popolo.

Gedeone: il più «piccolo» è inviato contro i più forti

Gedeone è un uomo sconsolato a motivo delle angherie che, insieme al suo popolo, subisce ogni giorno da parte dei prepotenti madianiti.

Egli soffre e si sfoga con l'angelo del Signore, confidandogli la sua pena e i suoi dubbi: «Signor mio, se il Signore è con noi, perché ci è capitato tutto questo? Dove sono tutti i Suoi prodigi, che i nostri padri ci hanno narrato dicendo: Il Signore non ci ha fatto forse uscire dall'Egitto? Ma ora il Signore ci ha abbandonati e ci ha messi nelle mani di Madian» (Gdc 6,13).

Gedeone sprofonda nella povertà dell'impotenza davanti all'ingiusto aggressore: non gli resta altro che alzare le braccia e dichiarare la sua forzata rassegnazione. E Dio si avvicina. E Dio, puntualmente, lo cerca proprio nel momento in cui ogni orgoglio si demotiva e si smorza: «Allora il Signore si volse a lui e gli disse: "Va' con questa tua forza e salva Israele dalle mani di Madian; non ti mando forse io?". Gli rispose: "Signore mio, come salverò Israele? Ecco, la mia famiglia è la più povera di Manasse e io sono il più piccolo nella casa di mio padre". Il Signore gli disse: "Io sarò con te e tu sconfiggerai i Madianiti come se fossero un uomo solo"» (Gdc 6,14-16). Gedeone si sente «piccolo» e lo è veramente. Ma proprio la sua «piccolezza» lo rende, agli occhi di Dio, idoneo per la chiamata e per la missione. Con Dio è così: quando crollano tutte le speranze, è l'ora della Sua Speranza! E la divina speranza sceglie sempre la compagnia dei piccoli, degli umili, di coloro che non pesano di orgoglio e di presunzione.

Questo è lo stile costante di Dio

Dio vuole la nostra collaborazione, perché l'Amore infinito non può agire diversamente: infatti chi ama, coinvolge; chi ama, condivide; chi ama, rende partecipi. Però, noi che riceviamo la chiamata, dobbiamo ricordarci che essa è dono, totalmente dono: questo è possibile capirlo soltanto se abbiamo una lucida e serena consapevolezza della nostra povertà.

Fa molto pensare un racconto dei Padri del Deserto, che dice così: «Un giorno abba Macario ritornava dalla palude alla cella, portando rami di palma, ed ecco che incontrò il diavolo provvisto di una falce. Questi cercò di colpirlo ma non ci riuscì. Egli disse allora: "Macario, da te emana una grande forza ed io non posso nulla contro di te. Qualunque cosa tu faccia, la faccio anch'io: tu digiuni, io non mangio affatto; tu vegli, io non dormo affatto. C'è una sola cosa nella quale mi vinci". "Quale?", chiese Macario. Egli rispose: "La tua umiltà; per questo non posso nulla contro di te"».

Per questo motivo, davanti a Dio, è legittimo un solo atteggiamento: l'umiltà. Per questo, nella preghiera del credente, ci sarà sempre questa invocazione: «Dall'orgoglio salva il tuo servo, perché su di me non abbia potere; allora sarò irreprensibile, sarò puro dal grande peccato» (Sal 19,14).

Riflettiamo! Se l'orgoglio è il grande peccato, l'umiltà è la grande virtù. Traiamone tutte le conseguenze.

5

MARIA: IL PIÙ BEL «SÌ», LA PIÙ ALTA COLLABORAZIONE CON DIO

E Maria disse: «Eccomi!». Mai tanto dipese, come allora, dal consenso dell'umana creatura.
GIOVANNI PAOLO II

Maria: la libertà che dice «sì!»

«Quando venne la pienezza del tempo – scrive l'apostolo Paolo ai Galati – Dio mandò il Suo Figlio» (Gal 4,4).

È legittimo chiedersi: che cos'è la «pienezza del tempo»? Alcuni pensano che la «pienezza del tempo» sia il momento giusto, l'epoca più opportuna, il tempo più favorevole per la venuta del Figlio di Dio in mezzo a noi. Però, se andiamo a scrutare i tempi di Gesù, noi restiamo sconcertati: a Roma comandava Ottaviano Augusto, che aveva conquistato il potere attraverso una guerra civile crudelissima e attraverso l'eliminazione di tutti i suoi avversari; a Gerusalemme regnava Erode, che era un tiranno infame con le mani macchiate di sangue (anche del sangue di suo figlio!) e con la vita affogata in una stomachevole lussuria. Altro che «pienezza del tempo»!

Eppure la Scrittura afferma categoricamente: «Quando venne la pienezza del tempo, Dio mandò il Suo Figlio» (Gal 4,4). Cos'è, allora, la pienezza del tempo? Non è il tempo favorevole dalla parte degli uomini, ma è il tempo favorevole dalla parte di Dio: cioè è il momento nel quale Dio non ha potuto più resistere ed è esploso in un gesto d'amore che, ancora oggi, ci fa piangere di commozione. Sì – dichiara l'evangelista Giovanni – «Dio ha tanto amato il mondo da dare il Suo Figlio» (= così Dio ha amato il mondo che ha dato il Suo Figlio unigenito) (Gv 3,16).

E nel momento in cui Dio matura la Sua paradossale decisione, Egli si incontra con la libertà di una donna: «Quando venne la pienezza del tempo, Dio mandò il Suo Figlio, nato da donna» (Gal 4,4).

Fermiamo il nostro sguardo su questa donna, già annunciata agli albori della storia della salvezza (Gn 3,15), e impariamo da lei la vera libertà, che si esprime nel coraggio del «sì» a Dio.

L'evangelista Luca, introducendo il racconto dell'annunciazione, ci dà alcune coordinate che ci fanno capire il senso dell'evento e ci fanno cogliere lo stile dell'azione di Dio nella storia umana.

Dice l'evangelista: «nel *sesto* mese». Perché Dio sceglie il «sesto» mese e non il «quinto» o il «settimo»? E se il fatto non ha alcuna rilevanza, perché l'evangelista l'ha ricordato proprio nell'ouverture dell'evento?

A me sembra che il «sesto» mese rimandi al «sesto» giorno, giorno della creazione dell'umanità. L'evangelista delicatamente ci dice che sta avvenendo una nuova creazione, cioè sta iniziando la salvezza; e ci invita ad aprire gli occhi e il cuore per non perdere nessuno dei segnali che Dio ci sta offrendo.

Cosa accade nel «sesto» mese? «L'angelo Gabriele fu mandato da Dio». Da Dio: questo complemento d'agente è un macigno! È Dio che prende l'iniziativa (è fondamentale sottolinearlo e memorizzarlo), è Dio che bussa alla porta della libertà di Maria, è Dio che cerca la collaborazione di Maria secondo lo stile divino ben rimarcato in tutte le chiamate dell'Antico Testamento.

Ma ora siamo giunti al momento decisivo, siamo al momento della pienezza del tempo e, pertanto, decisiva sarà anche la risposta di Maria.

Il Papa, nella *Tertio millennio adveniente*, opportunamente sottolinea: «Mai nella storia dell'uomo, tanto dipese, come allora, dal consenso dell'umana creatura» (TMA, 2).

Anche la tradizione protestante resta pensosa davanti a questo dato biblico e Zwingli, il riformatore di Zurigo, non esita ad affermare che «quanto più cresce la gloria e l'amore di Cristo Gesù fra gli uomini, tanto più cresce la valorizzazione e la gloria di Maria, perché Maria ci ha generato un Signore e Redentore così grande e ricco di grazia». E Karl Barth, che nella *Kirchliche Dogmatik* strenuamente difende il dogma della verginità di Maria, afferma: «Maria è semplicemente l'essere umano a cui accade il miracolo della rivelazione».

È vero! Ma come accade questo «miracolo» (per usare la parola di Barth), che fa di Maria un anello ineludibile e ineliminabile della storia della salvezza? L'evangelista Luca, che ha fatto «ricerche accurate su ogni circostanza fin dagli inizi» (Lc 1,3) e ha attinto al «racconto degli avvenimenti successi tra di noi così come ce li hanno trasmessi coloro che ne furono testimoni» (Lc 1,1-2), riferisce con precisione: «L'Angelo fu inviato da Dio in una città della Galilea, chiamata Nazaret, a una vergine, promessa sposa di un uomo della casa di Davide, chiamato Giuseppe. La vergine si chiamava Maria» (Lc 1,26-27). È importante notare subito che la Galilea era una regione talmente disprezzata da essere chiamata «Galilea delle genti», cioè una regione senza identità e, pertanto, senza titoli di primato o di privilegio. Del resto, Nicodemo, che tentava di difendere l'opera di Gesù agli occhi dei farisei, si sentì rispondere seccamente: «Sei forse anche tu della Galilea? Studia e vedrai che non sorge profeta dalla Galilea» (Gv 7,52).

Questa era la reputazione della Galilea agli occhi degli uomini, dimentichi dei criteri di preferenza di Dio. Il popolo d'Israele, infatti, avrebbe dovuto ricordare le parole del Deuteronomio: «Il Signore si è legato a voi e vi ha scelti, non perché siete più numerosi di tutti gli altri popoli: siete infatti il più piccolo di tutti i popoli» (Dt 7,7); e avrebbe dovuto ricordare anche le ripetute esclamazioni dei Salmi, che registrano così lo stile di Dio: «Il Signore sostiene gli umili, ma abbassa a terra gli empi» (Sal 147,6); e Israele avrebbe dovuto riflettere sulle parole esplicite di Isaia: «Io, il Signore, sono il primo e io stesso sono con gli ultimi» (Is 41,4).

Maria, memoria e coscienza di tutto il popolo d'Israele, sapeva tutto questo e lo viveva nella semplicità e nel nascondimento della casa di Nazaret. E l'angelo va a Nazaret, che era un villaggio così insignificante da strappare a Natanaele questa colorita esclamazione: «Che cosa mai può venire di buono da Nazaret?» (Gv 1,46).

Natanaele dovette subito ricredersi e, colto da un improvviso raggio di luce, disse a Gesù: «Rabbì, tu sei il Figlio di Dio, tu sei il re di Israele» (Gv 1,49).

La scintilla del «sì»

Ma al centro dell'evento dell'incarnazione c'è il «sì» di Maria: nel Suo «sì» si fondono l'espressione più alta della libertà umana e l'espressione più paradossale della libertà divina.

Seguiamo il racconto del Vangelo di Luca. L'angelo Gabriele consegna a Maria il saluto, che Dio custodisce nel cuore da tutta l'eternità: «Gioisci, Maria, tu sei stata e sei piena della benevolenza di Dio. Il Signore è con te!» (Lc 1,28).

Mi sembra non irriguardoso tentare di tradurre con linguaggio moderno l'annuncio dell'angelo. Potremmo renderlo così: «Gioisci, Maria! Dio stravede per te e pensa di affidarti la più grande missione».

La notizia è gettata nell'anima di Maria come un seme di divina potenza. E le parole dell'angelo colpiscono profondamente la giovane di Nazaret: ella percepisce chiaramente l'irruzione di Dio nella propria esistenza; avverte la grandezza vertiginosa del momento e si sente investita da una tempesta che la travolge e la fa tremare. L'evangelista puntualmente riferisce: «A queste parole ella rimase turbata e si domandava che senso avesse un tale saluto» (Lc 1,29).

Perché Maria è turbata? Non ha forse ricevuto una bella notizia, anzi la più bella notizia di tutta la storia umana? Perché, allora, esita a rispondere? San Luca, per descrivere il turbamento interiore di Maria, usa il verbo *dia-tarásso* e dice: ella fu tutta attraversata dal turbamento! Pensate che lo stesso verbo *tarásso* viene usato da Matteo per esprimere il grande turbamento di Erode e della città di Gerusalemme all'annuncio dell'arrivo dei Magi, che cercavano il neonato re dei Giudei dopo che avevano visto sorgere la sua stella (Mt 2,1-3).

Il verbo *tarásso* denota un autentico terremoto interiore. Perché?

Certamente non è il turbamento della paura: mai Maria appare una donna paurosa. Tutt'altro!

Perché, allora, reagisce così all'annuncio dell'angelo? La risposta possibile è una soltanto. Maria prova il turbamento dello stupore, che nasce da una profonda umiltà. Maria interiormente si chiede: «Perché Dio ha scelto me? Io sono l'ultima, io sono piccola, io non sono degna!».

E l'angelo va incontro al turbamento di Maria e la soccorre con un esile raggio di luce: questo raggio di luce è sufficiente affinché Maria possa pronunciare un «sì» responsabile e libero, però è così esile da lasciare intatto tutto lo spazio della fede.

Seguiamo attentamente il racconto: «L'angelo le disse: "Non temere, Maria, perché hai trovato grazia presso Dio. Ecco, concepirai un figlio, lo darai alla luce e lo chiamerai Gesù. Sarà grande e chiamato Figlio dell'Altissimo; il Signore Dio gli darà il trono di Davide suo padre e regnerà per sempre nella casa di Giacobbe e il suo regno non avrà fine"» (Lc 1,30-33).

Le parole dell'angelo a noi, che viviamo dopo il compimento degli eventi, appaiono chiare. Però quanti problemi potevano porre alla coscienza di Maria in quel particolare momento! Ella, giustamente, avrebbe potuto far notare la sua particolare condizione di «promessa sposa»; ella, legittimamente, avrebbe potuto esigere garanzie per tutelare la sua onorabilità davanti a

Giuseppe e alla gente di Nazaret; ella, per lo meno, avrebbe avuto il diritto di avere precise spiegazioni su come Dio pensava di portare avanti un progetto così ardito e unico.

Ma, ecco il prodigio! Ecco la bellezza e la grandezza del cuore di Maria! Ecco il salto meraviglioso della fede: Maria pone all'angelo una delicatissima domanda, che non nasce dal desiderio di difendersi ma dal desiderio di consegnarsi al progetto di Dio in totale obbedienza: «Come è possibile? Non conosco uomo!» (Lc 1,34).

E l'angelo assicura Maria che la maternità avverrà per opera dello Spirito Santo, lasciando intatta la sua verginità. E la risposta dell'angelo ci aiuta a capire dove sta il problema posto dalla domanda di Maria: «Lo Spirito Santo scenderà su di te e l'onnipotenza di Dio ti avvolgerà come una nube. Colui che nascerà sarà dunque santo e chiamato Figlio di Dio» (Lc 1,35).

L'angelo stesso, a questo punto, si accorge di aver detto una cosa enorme, una cosa che non era mai accaduta e che non si sarebbe mai più ripetuta. E dice a Maria: «Vedi: anche Elisabetta, tua parente, nella sua vecchiaia ha concepito un figlio e questo è il sesto mese per lei che tutti dicevano sterile: nulla è impossibile a Dio» (Lc 1,36-37).

E Maria, in un atto di pura libertà, si apre a Dio, si consegna a Lui, si restituisce al Creatore che diventa Salvatore e dice: «Eccomi! Sono la serva del Signore. Avvenga di me secondo la tua parola» (Lc 1,38).

Questo atto di libertà apre a Dio un varco dentro la storia umana, affinché Egli possa accendere, nel freddo del peccato, il fuoco dell'Amore. E Maria, nel momento in cui si dichiara serva del Signore, tocca il vertice più alto della libertà umana. La libertà, infatti, ci è stata donata come opportunità per aprirci a Dio, del quale portiamo dentro di noi un innato bisogno e verso il quale avvertiamo un'oggettiva gravitazione. L'uomo può, se vuole, rinnegare la gravitazione verso Dio, ma, in questo modo, la libertà umana abortisce e diventa essa stessa la punizione dell'uomo.

Blaise Pascal (1623-1662) nel Pensiero 267 ha scritto acutamente: «L'ultimo passo della ragione sta nel riconoscere che c'è un'infinità di cose che la superano. Essa è debole se non arriva a capire questo».

Maria l'ha capito e, davanti alla storia, brilla come la creatura più ragionevole e, nello stesso tempo, come la creatura più libera: anzi, la maestra di libertà!

E dal momento in cui ha pronunciato il Suo «sì», Maria è coinvolta, per decisione dell'Altissimo, in un meraviglioso ruolo di collaborazione nell'opera della salvezza compiuta dal Suo Figlio. Jean-Paul Sartre, mentre era prigioniero a Treviri nel 1940, ebbe un'autentica illuminazione e si espresse così: «Sul volto di Maria è apparso uno stupore che non apparirà mai più sul volto di una creatura. Cristo è suo figlio, carne della sua carne e frutto delle sue viscere. Ella lo ha portato per nove mesi e gli darà il seno e il suo latte diventerà il sangue di Dio... Ella sente insieme che il Cristo è suo figlio, il suo piccolo, e che egli è Dio. Ella lo guarda e pensa: "Questo Dio è mio figlio. Questa carne divina è la mia carne. Egli è fatto di me, ha i miei occhi e questa forma della sua bocca è la forma della mia. Egli mi assomiglia. È Dio e mi assomiglia!". Nessuna donna ha avuto in questo modo il suo Dio per sé sola. Un Dio piccolissimo che si può prendere tra le braccia e coprire di baci, un Dio tutto caldo che sorride e respira, un Dio che si può toccare e vive». In queste parole di Sartre, paradossalmente, si intravede la base della riflessione tradizionale cristiana che ha attribuito a Maria, nel concilio di Efeso (431), il titolo di *Theotòkos*, «Madre di Dio». E lo stupore di Maria, di cui parla Sartre, nasce dalla condizione unica nella quale ella si è venuta a trovare, dopo aver pronunciato il suo «sì». Maria, infatti, è l'unica creatura che, stringendo al petto Suo Figlio, può dirgli: «Dio mio!». Ed è l'unica creatura che, pregando il Suo Dio, può dirgli: «Figlio mio!».

Ma il «sì» dell'annunciazione non si esaurisce nell'annunciazione: esso si sviluppa in una meravigliosa e coerente serie di «sì»; il «sì» fondante germoglia in tantissimi «sì».

Ogni vocazione, infatti, ha un «sì» che determina un orientamento, ma poi occorrono tanti altri «sì» che sviluppino l'orientamento della libertà verso il Signore. Guai se vengono a mancare questi «sì»!

Maria, dopo l'annunciazione, va da Elisabetta e ridice il Suo «sì» attraverso l'umile servizio nella casa dell'anziana cugina; ridice il Suo «sì» quando ritorna a Nazaret e si trova ad affrontare la prova interiore di Giuseppe (Mt 1,18-25); ridice il Suo «sì» quando si mette in viaggio verso Betlemme e cerca un alloggio che non troverà; ridice il Suo «sì» nella fuga in Egitto… fino all'ora del Calvario. Il «sì» dell'annunciazione diventa una vita: diventa tutta la vita di Maria. E noi? E il nostro «sì» si sviluppa con la stessa meravigliosa coerenza?

Nell'umiltà della preghiera riprendiamo in mano il momento del primo «sì», del «sì» fondante, per liberarlo da ogni ambiguità e da ogni reticenza: in ogni momento tutto può ricominciare!

6

DIO LENTAMENTE SCOPRE IL SUO VOLTO: EGLI È MISERICORDIA

Non mi è mai piaciuto pensare che la misericordia di Dio si fermi ai confini della Chiesa visibile.
EDITH STEIN

Un'irresistibile capacità di intenerirsi e di stare vicino

Mentre Dio cerca l'uomo per le vie tortuose della storia, emerge una caratteristica divina che ci riempie di gioia: *Dio è misericordioso, essenzialmente misericordioso, irrinunciabilmente misericordioso.*

Che cosa vuol dire tutto ciò? Che cos'è la misericordia? Possiamo definirla così: la misericordia è un'irresistibile capacità di intenerirsi, di commuoversi, di stare vicino. Sì, Dio si rivela così.

E la Bibbia registra i passi di Dio e documenta le orme della sua misericordia impresse nella polvere delle ricorrenti cattiverie di un popolo, che è lembo e fotografia di tutta l'umanità. Seguiamo questi «passi» e queste «orme» di Dio, perché parlano di una fatica che Dio soffre anche oggi per raggiungere ciascuno di noi.

Il roveto e Mosè e il «nome» di Dio

«Ora Mosè stava pascolando il gregge di Ietro, suo suocero, sacerdote di Madian e condusse il bestiame oltre il deserto e arrivò al monte di Dio, l'Oreb. L'angelo del Signore gli apparve in una fiamma di fuoco in mezzo a un roveto. Egli guardò ed ecco: il roveto ardeva nel fuoco, ma quel roveto non si consumava» (Es 3,1-2).

Dio attira Mosè attraverso il segno di «un roveto che brucia e non si consuma». La scelta di questo segno non può essere casuale, ma deve contenere un messaggio. E il messaggio è chiarissimo: Dio, prima di pronunciare qualsiasi parola, vuol dire all'uomo «salvato dalle acque»: «Eccomi! Io sono qui vicino a te, come in quel giorno lontano... Perché io sono un roveto bruciato dall'amore: un amore che non si consuma e non si consumerà mai!».

Mosè è attratto dal silenzio eloquente del roveto: «Voglio avvicinarmi e vedere questo grande spettacolo: perché il roveto non brucia?» (Es 3,3).

E inizia il dialogo con Dio. E Dio confida la sua decisione di liberare il popolo attraverso Mosè. Questa decisione non convince Mosè ed egli tenta una lotta di obiezioni al progetto di Dio: «Ecco, io arrivo dagli Israeliti e dico loro: Il Dio dei vostri padri mi ha mandato a voi. Ma mi diranno: Come si chiama? Ed io che cosa risponderò loro?» (Es 3,13). Meravigliosa e benedetta difficoltà di Mosè! In questo modo egli strappa a Dio una confidenza, che resterà sempre un mistero di luce e di nascondimento: come tutte le rivelazioni di Dio. Facciamoci piccoli come Mosè, togliamoci «i calzari» della presunzione, lasciamoci riempire di stupore e ascoltiamo col cuore trepido la voce di chi ci consegna un inaudito segreto: «Io sono colui che sono». «Dirai agli Israeliti: Io-sono mi ha inviato a voi» (Es 3,14).

Fiumi di inchiostro sono stati consumati per tentare di aprire il sigillo di queste celeberrime parole. Ma, forse, la chiave più logica di lettura sta nel contesto, che sviluppa il pensiero con parole che si rincorrono e si equivalgono e si illuminano: «Dirai agli Israeliti: Il Signore, il Dio dei vostri padri, il Dio di Abramo, il Dio di Isacco, il Dio di Giacobbe mi ha mandato a voi. Questo è il mio nome; questo è il titolo con cui sarò ricordato di generazione in generazione» (Es 3,15).

Se queste parole sono l'esegesi immediata della rivelazione del Nome fatta a Mosè, allora, usando il verbo «essere» che nelle lingue semite non ha mai un significato astratto ma concreto (cioè, ha il significato di esserci, essere qui), Dio vuol dire a Mosè esattamente questo: «Il mio Nome è: Io sono qui – Io sono vicino – Io sono colui che si è legato al tuo popolo e non lo abbandonerà mai, perché Io sono il Dio di Abramo, di Isacco e di Giacobbe». Quanto è bello e consolante questo aspetto del mistero di Dio. Dio ha veramente «viscere di misericordia» e, pertanto, non potrà mai rifiutarci, mai respingerci, mai dimenticarci.

«Mostrami la tua gloria!» (Es 33,18)

Mosè, davanti al mistero di Dio, sentì il desiderio di scavalcare il confine e di tuffarsi nell'oceano dell'Infinito, per abbracciare ciò che è impossibile abbracciare. Questo desiderio è presente nel cuore più sano dell'umanità di tutti i tempi: l'uomo, a tentoni, cerca Dio e, gemendo, gli domanda: «Chi sei? Qual è il tuo volto?».

Mosè, racconta la Bibbia, un giorno bussò alla porta del mistero e chiese: «"Mostrami la tua Gloria!". Rispose il Signore: "Farò passare davanti a te tutto il mio splendore e proclamerò il mio nome, Signore, davanti a te. Farò grazia a chi vorrò far grazia e avrò misericordia di chi vorrò aver misericordia".

Soggiunse: "Ma tu non potrai vedere il mio volto, perché nessun uomo può vedermi e restare vivo". Aggiunse il Signore: "Ecco un luogo vicino a me. Tu starai sopra la rupe: quando passerà la mia Gloria, io ti porrò nella cavità della rupe e ti coprirò con la mano finché sarò passato. Poi toglierò la mano e vedrai le mie spalle, ma il mio volto non lo si può vedere"» (Es 33,18-23).

L'uomo non può afferrare tutto l'Infinito, perché il «finito» non può contenere l'Infinito: lo sappia Mosè e lo sappia l'uomo di ogni tempo. Tuttavia, l'uomo può vedere «le spalle di Dio», cioè può cogliere qualcosa del suo mistero, può vedere un bagliore della sua intima verità.

Qual è questo bagliore? Nel successivo capitolo del libro dell'Esodo, in una solenne teofania, così è riferito: «Allora il Signore scese dalla nube, si fermò là presso di lui [Mosè] e proclamò il nome del Signore. Il Signore passò davanti a lui proclamando: "Il Signore, il Signore, Dio misericordioso e pietoso, lento all'ira e ricco di grazia e di fedeltà, che conserva il suo favore per mille generazioni; che perdona la colpa, la trasgressione e il peccato, ma non lascia senza punizione, che castiga la colpa dei padri nei figli e nei figli dei figli fino alla terza e alla quarta generazione"» (Es 34,5-7).

È un linguaggio umano, un linguaggio imperfetto, ma il messaggio è chiarissimo: Dio è misericordia, essenzialmente misericordia. C'è, evidentemente, in Dio un rifiuto del peccato (perché Dio non può essere indifferente al peccato) che si traduce in una punizione del peccatore: però questo aspetto non rinnega la misericordia, ma si colloca dentro la misericordia come «sdegno» del Padre, che vuole ritrovare e riportare a sé i propri figli, perché questo è il loro bene. Per questo, con confidente sicurezza, Mosè può concludere: «Se ho trovato grazia ai tuoi occhi, mio Signore, che il Signore cammini in mezzo a noi. Sì, è un popolo di dura cervice, ma tu perdona la nostra colpa e il nostro peccato: fa' di noi la tua eredità» (Es 34,9).

La preghiera di Mosè è entrata nel cuore misericordioso di Dio ed è diventata storia e sta diventando storia fino ai nostri giorni.

Una misericordia sempre più palpabile

Israele approfondirà questa rivelazione lungo tutto il cammino della sua storia. Ma, durante e dopo l'esilio, furono proprio le drammatiche esperienze della distruzione e della deportazione a stimolare una maggiore presa di coscienza della misericordia di Dio, dentro la cornice sempre più pesante del peccato umano. Trasudano autentica tenerezza le parole del Deuteronomio: «Interroga pure i tempi antichi, che furono prima di te: dal giorno in cui Dio creò l'uomo sulla terra e da una estremità dei cieli all'altra, vi fu mai una cosa grande come questa e si udì mai cosa simile a questa? Che cioè un popolo abbia udito la voce di Dio parlare dal fuoco, come l'hai udita tu, e che rimanesse vivo? O ha mai tentato un dio di andare a scegliersi una nazione in mezzo a un'altra con prove, segni, prodigi e battaglie, con mano potente e braccio teso e grandi terrori, come fece per voi il Signore vostro Dio in Egitto, sotto i vostri occhi? Tu sei diventato spettatore di queste cose, perché tu sappia che il Signore è Dio e che non ve n'è altri fuori di lui. Dal cielo ti ha fatto udire la sua voce per educarti; sulla terra ti ha mostrato il suo grande fuoco e tu hai udito le sue parole in mezzo al fuoco. Perché ha amato i tuoi padri...» (Dt 4,32-37).

Fa veramente tenerezza questo Dio che, a un'umanità smemorata, racconta nuovamente tutti i particolari della sua bontà e, a scanso di equivoci, si sente costretto a precisare che il motivo del suo agire è uno solo: «Perché ha amato i tuoi padri» (Dt 4,37).

E in un altro passo del Deuteronomio, come un martellante richiamo, Dio torna a parlare al popolo per ricordagli: «Il Signore si è legato a voi e vi ha scelti non perché siete più numerosi di tutti gli altri popoli – siete infatti il più piccolo di tutti i popoli – ma perché il Signore vi ama...» (Dt 7,7-8).

Conseguentemente, il primo dovere di chi è amato è «rispondere all'amore». Israele è tenuto a ricordare questa logica ripetendo, all'uscita di casa e all'entrata, la luminosa preghiera detta, dalla prima parola, *Shema*, «ascolta»: «Ascolta, Israele: il Signore è il nostro Dio, il Signore è uno solo. Tu amerai il Signore tuo Dio con tutto il cuore, con tutta l'anima e con tutte le forze...» (Dt 6,4-5).

Non solo. L'amore di Dio, come un seme fecondo, deve diventare la «norma morale» del popolo: come Dio ci ama, così noi dobbiamo amarci! Ecco un testo stupendo, che giustifica il dovere di amare il forestiero con l'esemplarità del comportamento di Dio: «Ora, Israele, che cosa ti chiede il Signore tuo Dio, se non che tu tema il Signore tuo Dio, che tu cammini per tutte le sue vie, che tu lo ami e serva il Signore tuo Dio con tutto il cuore e con tutta l'anima, che tu osservi i comandi del Signore e le sue leggi, che oggi ti do per il tuo bene? Ecco, al Signore tuo Dio appartengono i cieli, i cieli dei cieli, la terra e quanto essa contiene. Ma il Signore predilesse soltanto i tuoi padri, li amò e, dopo loro, ha scelto fra tutti i popoli la loro discendenza cioè voi, come oggi. Circoncidete dunque il vostro cuore ostinato e non indurite più la vostra nuca; perché il Signore vostro Dio è il Dio degli dei, il Signore dei signori, il Dio grande, forte e terribile, che non usa parzialità e non accetta regali, rende giustizia all'orfano e alla vedova, ama il forestiero e gli dà pane e vestito. Amate dunque il forestiero...» (Dt 10,12-19).

Davvero l'Antico Testamento è tutto attraversato da un fremito di amore: Dio si presenta pieno di misericordia per introdurre gradualmente il popolo nella vita della misericordia. E la fatica di Dio continua.

«Ti ho disegnato sulle palme delle mie mani» (Is 49,16)

Nel Deutero-Isaia (un profeta che ha predicato a Babilonia tra le prime vittorie di Ciro nel 550 a.C. e l'editto liberatore del 538 a.C.), viene registrato un lamento amaro del popolo, perché, nella storia, la misericordia di Dio talvolta sembra sommersa e quasi smentita dalla bufera delle violenze e degli odi e delle ingiustizie. Anche noi, forse, abbiamo avvertito l'insorgere di questo grido di angoscia rivolto verso il Cielo: anche per noi, allora, vale la risposta di Dio.

Ascoltiamo l'incantevole intreccio di domanda e risposta: «Sion ha detto: "Il Signore mi ha abbandonato, il Signore mi ha dimenticato". Si dimentica forse una donna del suo bambino, così da non commuoversi per il figlio delle sue viscere? Anche se queste donne si dimenticassero, io, invece, non ti dimenticherò mai. Ecco, ti ho disegnato sulle palme delle mie mani...» (Is 49,14-16).

Si può trovare un'immagine più toccante e più espressivamente robusta di questa? «Ecco, ti ho disegnato sulle palme delle mie mani». Dio sembra come trafitto dal dubbio di Sion e reagisce con forza: «Come!? Tu pensi che io ti abbia abbandonato! Come hai fatto a pensare questo?». No, Dio non può dimenticare di essere l'Amore, perché la memoria di Dio è la memoria dell'amore: e l'amore non dimentica.

«Non forzarti all'insensibilità perché tu sei nostro padre» (Is 63,15-16)

Sempre nel Deutero-Isaia c'è una meditazione sulla storia di Israele, attraversata da singhiozzi di rammarico e da squarci di luce carichi di speranza. Il profeta, guardando il lungo cammino del suo popolo, è costretto a riconoscere:

> Voglio ricordare i benefici del Signore,
> la gloria del Signore,
> quanto egli ha fatto per noi.
> Egli è grande in bontà per la casa di Israele.
> Egli ci trattò secondo il suo amore,
> secondo la grandezza della sua misericordia.
> Disse: «Certo, essi sono il mio popolo,
> figli che non deluderanno»
> e fu per loro un salvatore
> in tutte le angosce.
> Non un inviato, né un angelo,
> ma egli stesso li ha salvati;
> con amore e compassione

egli li ha riscattati;
li ha sollevati e portati su di sé,
in tutti i giorni del passato (Is 63,7-9).

Come sono commoventi queste dichiarazioni del profeta! Sembra che la certezza della tenerezza di Dio sia entrata nelle pieghe della vita del popolo e si sia impressa indelebilmente nella sua memoria. Però, è accaduto l'inaudito: il popolo ha deluso clamorosamente il Signore e lo ha ferito nell'amore. Ma l'amore ferito è quanto di più pericoloso si possa pensare: umanamente e divinamente! Ecco allora il racconto amaro del profeta:

Ma essi si ribellarono e contristarono
il suo santo spirito.
Egli perciò divenne loro nemico
e mosse loro guerra (Is 63,10).

È la guerra dell'amore deluso: Dio cioè lascia che l'uomo provi il vuoto del peccato, il non-senso della ribellione, il gelo della lontananza, perché il peccato ha dentro di sé la punizione. E l'effetto salutare non tarda a farsi sentire: «Allora si ricordarono dei giorni antichi, di Mosè suo servo. Dov'è colui che fece uscire dall'acqua del Nilo il pastore del suo gregge? Dov'è colui che gli pose nell'intimo il suo santo spirito; colui che fece camminare alla destra di Mosè il suo braccio glorioso, che divise le acque davanti a loro facendosi un nome eterno; colui che li fece avanzare tra i flutti come un cavallo sulla steppa?» (Is 63,11-13).

«Dov'è?», «dov'è?». Singolare è questa umanità (e Israele vive nella sua storia il dramma e le contraddizioni di tutta l'umanità!); singolare è questa umanità che volta le spalle all'amore e poi piange perché le si spalanca davanti uno scenario di tristezza e di squallore. Ma Israele, nel buio tetro della lontananza, conserva nel cuore il ricordo di una luce: Dio è misericordia, infinita misericordia. Allora è possibile gridare a Dio:

Guarda dal cielo e osserva
dalla tua dimora santa e gloriosa.
Dove sono il tuo zelo e la tua potenza,
il fremito della tua tenerezza
e la tua misericordia?
Non forzarti all'insensibilità
perché tu sei nostro padre,
poiché Abramo non ci riconosce
e Israele non si ricorda di noi.
Tu, Signore, tu sei nostro padre,
da sempre ti chiami nostro redentore (Is 63,15-17).

Quale inaudito coraggio e incrollabile fiducia si nascondono in queste parole rivolte a Dio: «Non forzarti all'insensibilità»! Il profeta sa che Dio è misericordioso e resta tale anche quando il popolo si allontana da lui: anzi, nel momento in cui l'uomo si scopre lontano e solo e ferito, egli ha soltanto questo argomento su cui appoggiare la speranza: «Dio mi ama ancora!».

Allora, sì, glielo possiamo dire senza paura:

Signore, tu non riesci ad essere severo per sempre!
Tu sei buono, io lo so.
Signore, non forzarti all'insensibilità,
perché la severità non è il tuo volto più vero:
Tu, e non Abramo e non Israele, tu sei nostro padre!

Questa preghiera è il pane, che nutre la nostra fiducia e la nostra consolazione: e ci fa camminare sempre più avanti.

7

MA L'UOMO È INFEDELE! E DIO SI RIVELA MISERICORDIOSO E FEDELE

Tutti possono abbandonarmi, tutti possono voltarmi le spalle:
Dio soltanto non mi abbandonerà mai!
Questa certezza mi fa saltare di gioia.
ERNESTO OLIVERO

Una divina fedeltà tra le spine dell'infedeltà

La Bibbia è la storia dell'amore di Dio, che instancabilmente insegue l'uomo peccatore. Per questo la Bibbia non è un sereno libro di teologia spirituale, ma un drammatico libro che registra i percorsi sanguinanti che Dio ha dovuto affrontare per correre dietro all'uomo peccatore.

La Bibbia racconta il peccato, anzi è piena di racconti di peccato. Necessariamente! Perché la storia umana è fatta così; perché l'uomo storico è un uomo peccatore e, di conseguenza, Dio, per salvare la storia, è costretto a mettersi pazientemente in cammino lungo la via del peccato per farla diventare via di salvezza.

E questo avviene, perché Dio non si stanca: infatti, Dio non solo è misericordioso, ma è fedelmente misericordioso, instancabilmente misericordioso, eternamente misericordioso. Il credente tutto questo lo sa, lo sperimenta. E la sua esperienza fiorisce in perenne canto di stupore e di ringraziamento:

> Celebrate il Signore, perché è buono;
> perché eterna è la sua misericordia.

Dica Israele che egli è buono:
eterna è la sua misericordia.
Lo dica la casa di Aronne:
eterna è la sua misericordia.
Lo dica chi teme Dio:
eterna è la sua misericordia (Sal 118,1-4).

Caino «maledetto», eppure sempre «protetto»

Il racconto del peccato di Caino ha il sapore acerbo del primo frutto del peccato di Adam: infatti, staccato da Dio, l'uomo si stacca anche dall'uomo. E nasce la violenza. E si consuma il primo omicidio-fratricidio! Ma Dio, al fratello, domanda conto del fratello: «Dov'è Abele, tuo fratello?» (Gn 4,9).

E Dio riceve il primo schiaffo dall'uomo, che non vuole il «padre», non vuole la «guida», non accetta di «essere guardato»: «Non lo so. Sono forse io il guardiano di mio fratello?» (Gn 4,9).

Dio, allora, è costretto a gridare davanti all'uomo la pericolosità e la velenosità che è interna ad ogni peccato: «Che hai fatto? La voce del sangue di tuo fratello grida a me dal suolo! Ora sii maledetto lungi da quel suolo che per opera della tua mano ha bevuto il sangue di tuo fratello. Quando lavorerai il suolo, esso non ti darà più i suoi prodotti: ramingo e fuggiasco sarai sulla terra» (Gn 4,10-12).

Il sangue grida. Il peccato, ogni peccato, contiene un urlo, che lacera la vita di chi lo ha compiuto. Eppure Dio, anche davanti al più ripugnante peccato dell'uomo, non smentisce se stesso: egli «fedelmente» resta misericordioso. E il libro della Genesi così completa il racconto: «Disse Caino al Signore: "Troppo grande è la mia colpa per ottenere perdono? Ecco, tu mi scacci oggi da questo suolo e io mi dovrò nascondere lontano da te; io sarò ramingo e fuggiasco sulla terra e chiunque mi incontrerà mi potrà uccidere". Ma il Signore gli disse: "Però chiunque ucciderà Caino subirà la vendetta sette volte!". Il Signore impose a Caino un segno, perché non lo colpisse chiunque l'avesse incontrato. Caino si allontanò dal Signore e abitò nel paese di Nod, ad oriente di Eden» (Gn 4,13-16).

Meraviglioso è questo Dio che si preoccupa di Caino e riesce ad amare anche Caino! Caino, infatti, è maledetto per il suo peccato, ma l'amore di Dio lo «segna» e lo protegge ancora, perché le braccia di Dio aspettano il ritorno... anche di Caino. Non sarà mai Dio a chiudere il cuore nel dialogo con l'uomo: Dio è il misericordioso, il fedelmente misericordioso. Sant'Isacco di Ninive, dando voce e sintesi al messaggio biblico, giustamente ha scritto: «Dio non può far altro che amare».

Il «dispetto del re» diventa il «dono del re»

Un altro episodio rivela il mistero unico e inconfondibile di Dio: un mistero di amore, che assomiglia ad un oceano nel quale la barca della nostra mente si muove senza mai vedere l'approdo di un limite. Apriamo il primo libro di Samuele: «Quando Samuele fu vecchio, stabilì giudici di Israele i suoi figli. Il primogenito si chiamava Ioél, il secondogenito Abià; esercitavano l'ufficio di giudici a Bersabea. I figli di lui però non camminavano sulle sue orme, perché deviavano dietro il lucro, accettavano regali e sovvertivano il giudizio. Si radunarono allora tutti gli anziani di Israele e andarono da Samuele a Rama. Gli dissero: "Tu ormai sei vecchio e i tuoi figli non ricalcano le tue orme. Ora stabilisci per noi un re che ci governi, come avviene per tutti i popoli"» (1Sam 8,1-5).

«Come avviene per tutti i popoli». Ma Israele è proprio questo che deve evitare, perché Israele è chiamato a essere un popolo diverso dagli altri popoli. Perché vuole sbarazzarsi del «progetto» di Dio? Samuele è profondamente turbato dalla proposta del popolo: «Agli occhi di Samuele era cattiva la proposta perché avevano detto: “Dacci un re che ci governi”. Perciò Samuele pregò il Signore. Il Signore rispose a Samuele: “Ascolta la voce del popolo per quanto ti ha detto, perché costoro non hanno rifiutato te, ma hanno rifiutato me, perché io non regni su di essi. Come si sono comportati dal giorno in cui li ho fatti uscire dall’Egitto fino ad oggi, abbandonando me per seguire altri dèi, così intendono fare a te. Ascolta pure la loro richiesta, però annuncia loro chiaramente le pretese del re che regnerà su di loro”» (1Sam 8,6-9).

Dio si piega alla richiesta del popolo, anche se sente l’amarezza di una sfiducia nei suoi confronti. Ma quale sarà la sua reazione? Sarà la reazione degna di un amore, che ha risorse inestimabili e inimmaginabili: le risorse dell’amore perennemente fedele all’amore. Infatti, Dio, che accetta con sofferenza la richiesta di un re, lega proprio al re la grande promessa del Messia. È la sua «vendetta»: la «vendetta» dell’amore.

Ecco la celebre risposta che il profeta Natan darà a David (1010-970 a.C. ca.), quando egli manifesterà il proposito di costruire un tempio per il Signore: «Ora dunque riferirai al mio servo David: “Così dice il Signore degli eserciti: io ti presi dai pascoli, mentre seguivi il gregge, perché tu fossi il capo d’Israele mio popolo; sono stato con te dovunque sei andato; anche per il futuro distruggerò davanti a te tutti i tuoi nemici e renderò il tuo nome grande come quello dei grandi che sono sulla terra. Fisserò un luogo a Israele mio popolo e ve lo pianterò perché abiti in casa sua e non sia più agitato e gli iniqui non lo opprimano come in passato, al tempo in cui avevo stabilito i Giudici sul mio popolo Israele, e gli darò riposo liberandolo da tutti i suoi nemici. *Te poi il Signore farà grande, poiché una casa farà a te il Signore*!”» (2Sam 7,8-11).

Allora non sarà David a fare una casa al Signore, ma sarà il Signore a fare una casa, vale a dire una dinastia, a David. Divino capovolgimento! Nelle parole del profeta Natan c’è il primo bagliore di quella «promessa», che diventerà sempre più chiara fino a definirsi come «attesa del Messia discendente di David».

Quanto è commovente tutto questo! La richiesta del re era stata un atto di sfiducia del popolo nei confronti di Dio: ebbene sarà proprio il re, nelle mani di Dio, che diventerà la via del «dono del Re dei re». Misericordia e fedeltà producono questo impensabile prodigio.

Una «grande promessa» e un «grande peccato»

David, nonostante la predilezione e nonostante la grande promessa ricevuta da Dio, cadde in un vergognoso peccato proprio nel momento della piena maturità, quando da lui ci si poteva giustamente attendere una vita feconda di buoni frutti. Non solo. Dopo essere caduto nel peccato, David tentò di coprirlo con espedienti meschini e ripugnanti. La Bibbia lucidamente racconta: «L'anno dopo, al tempo in cui i re sogliono andare in guerra, David mandò Ioab con i suoi servitori e con tutto Israele a devastare il paese degli Ammoniti; posero l'assedio a Rabbà, mentre David rimaneva a Gerusalemme. Un tardo pomeriggio David, alzatosi dal letto, si mise a passeggiare sulla terrazza della reggia. Dall'alto di quella terrazza egli vide una donna che faceva il bagno: la donna era molto bella di aspetto. David mandò a informarsi chi fosse la donna. Gli fu detto: "È Betsabea figlia di Eliàm, moglie di Uria l'Hittita". Allora David mandò messaggeri a prenderla. Essa andò da lui ed egli giacque con lei, che si era appena purificata dalla immondezza. Poi essa tornò a casa. La donna concepì e fece sapere a David: "Sono incinta"» (2Sam 11,1-5).

Il guaio è fatto. Che cosa può fare, ora, David? Chiamare il profeta Natan? Chiedere umilmente consiglio? Pentirsi? Fare penitenza?

No, David sceglie di coprire il letame con i fiori della furbizia, senza minimamente mettere in discussione la propria vita.

E così egli chiama dal fronte Uria, il marito della donna, e tenta di spingerlo a unirsi con la sua sposa per poter mascherare la gravidanza in atto. Ma il disegno non riesce. David fa ubriacare Uria e ritenta il colpo, ma, anche in questo caso, il progetto fallisce. Allora David rispedisce al fronte l'ignaro e onesto Uria e tenta una nuova macabra soluzione: «La mattina dopo – riferisce imparzialmente la Bibbia – David scrisse una lettera a Ioab e gliela mandò per mano di Uria. Nella lettera aveva scritto così: "Ponete Uria in prima fila, dove più ferve la mischia; poi ritiratevi da lui perché resti colpito e muoia". Allora Ioab, che assediava la città, pose Uria nel luogo dove sapeva che il nemico aveva uomini valorosi. Gli uomini della città fecero una sortita e attaccarono Ioab; parecchi della truppa e fra gli ufficiali di David caddero, e perì anche Uria l'Hittita» (2Sam 11,14-17).

David ha raggiunto lo scopo. David ora è al sicuro dal giudizio degli uomini. Ma il giudizio di Dio non si sfugge con un abile gioco di coperture: «Ciò che David aveva fatto era male agli occhi del Signore» (2Sam 11,27). Per questo Dio manda il profeta Natan nella casa di David. E il profeta si introduce così: «Vi erano due uomini nella stessa città, uno ricco e l'altro povero. Il ricco aveva bestiame minuto e grosso in gran numero; ma il povero non aveva nulla, se non una sola pecorella piccina che egli aveva comprata e allevata; essa gli era cresciuta in casa insieme con i figli, mangiando il pane di lui, bevendo alla sua coppa e dormendo sul suo seno; era per lui come una figlia. Un ospite di passaggio arrivò dall'uomo ricco e questi, risparmiando di prendere dal suo bestiame minuto e grosso, per preparare una vivanda al viaggiatore che era capitato da lui portò via la pecora di quell'uomo povero e ne preparò una vivanda per l'ospite venuto da lui» (2Sam 12,1-4).

La reazione di David è immediata e sincera, perché tutti abbiamo sempre la vista molto buona per vedere i peccati degli altri. Egli con sdegno esclama: «Per la vita del Signore, chi ha fatto questo merita la morte. Pagherà quattro volte il valore della pecora, per aver fatto una tale cosa e non aver avuto pietà» (2Sam 12,6).

Ma anche la risposta di Natan è lucida e veloce come una freccia: «Tu sei quell'uomo!» (2Sam 12,7).

David è messo a nudo: la pietra è stata rimossa ed è venuto fuori il marciume della sua anima. Che cosa può fare? Negare? Difendersi? David non tenta neppure la difesa, ma abbassa la testa e riconosce: «Ho peccato contro il Signore!» (2Sam 12,13).

E il Signore? Cosa dirà il Signore? Cosa risponderà a David? A questo punto il cuore di Dio spezza ogni logica umana, squarcia il buio cupo della vendetta e, con disarmante serenità, corre verso un'inaudita e inattesa conclusione: «Il Signore ha perdonato il tuo peccato» (ivi).

Davvero la misericordia di Dio è una roccia: una roccia che niente può scalfire né, tantomeno, rimuovere: Dio è buono, fedelmente buono! Viene magnificamente a proposito il dialogo che Blaise Pascal immagina tra Dio e l'uomo: «Se tu conoscessi i tuoi peccati ti perderesti d'animo». «Allora mi perderò d'animo, o Signore, se me li rivelerai». «No, tu non ti perderai d'animo, perché tu conoscerai i tuoi peccati nel momento stesso in cui ti saranno perdonati».

Davanti a questa bontà possiamo soltanto esclamare: Credo, credo, credo! E la fede diventa una melodia dolcissima, che sale verso il cielo di Dio:

> Cantate inni al Signore, o suoi fedeli,
> rendete grazie al suo santo nome.
> perché la sua collera dura un istante,
> la sua bontà per tutta la vita.
> Alla sera sopraggiunge il pianto
> e al mattino ecco la gioia.
> Hai mutato il mio lamento in danza,
> la mia veste di sacco in abito di gioia,
> perché io possa cantare senza posa.
> Signore, mio Dio, ti loderò per sempre (Sal 30,5-6; 12-13).

Dio volta la faccia, ma... non il cuore

Nel libro di Isaia, con tinte fortissime, viene messa a confronto l'infedeltà umana e la fedeltà divina: questi due «abissi», messi uno di fronte all'altro, suscitano un acuto senso di vertigine. Il profeta esordisce così:

> Udite, cieli; ascolta, terra,
> perché il Signore dice:
> «Ho allevato e fatto crescere figli,
> ma essi si sono ribellati contro di me.
> Il bue conosce il proprietario
> e l'asino la greppia del padrone,
> ma Israele non conosce
> e il mio popolo non comprende» (Is 1,2-3).

Come è desolante dover riconoscere che un asino o un bue hanno un innato istinto di appartenenza, che permette loro di correre incontro al padrone, mentre un «figlio» non sa riconoscere il proprio «padre». Come deve essere rattristato questo «padre», se pensa che il «figlio», allontanandosi da casa, si trova esposto al rischio e alle intemperie e a ogni genere di aggressione. Eppure il «figlio» vuole che sia così!

Come deve essere sconsolante per un «padre» vedere un «figlio», che respinge la strada sorridente della vita per percorrere stoltamente e volutamente il sentiero aspro e deludente della morte!

Dio, con il cuore lacerato, è costretto a esclamare:

> Guai, gente peccatrice,
> popolo carico di iniquità!
> Razza di scellerati,
> figli corrotti!
> Hanno abbandonato il Signore,
> hanno disprezzato il Santo di Israele,
> si sono voltati indietro;
> perché volete ancora essere colpiti,
> accumulando ribellioni?

La testa è tutta malata,
tutto il cuore langue.
Dalla pianta dei piedi alla testa
non c'è in esso una parte illesa,
ma ferite e lividure
e piaghe aperte,
che non sono state ripulite, né fasciate,
né curate con olio.
Il vostro paese è devastato,
le vostre città arse dal fuoco.
La vostra campagna, sotto i vostri occhi,
la divorano gli stranieri;
è una desolazione come Sodoma distrutta.
E rimasta solo la figlia di Sion
come una capanna in una vigna,
come un casotto in un campo di cocomeri,
come una città assediata (Is 1,4-8).

E, in questa cercata desolazione, non possono bastare dei «riti d'amore» per festeggiare un ritorno non vero, un abbraccio non sincero, una comunione non più esistente. Anzi, il «rito d'amore» celebrato «senza amore» è quanto di più ripugnante si possa immaginare: è una farsa, che suscita nausea e disgusto. E Dio avverte nausea e disgusto, quando vede il «popolo infedele» varcare la soglia del tempio con la «veste della fedeltà»:

«Che mi importa dei vostri sacrifici senza numero?»,
dice il Signore.
«Sono sazio degli olocausti di montoni
e del grasso di giovenchi;
il sangue di tori e di agnelli e di capri
io non lo gradisco.
Quando venite a presentarvi a me,
chi richiede da voi
che veniate a calpestare i miei atri?
Smettete di presentare offerte inutili,
l'incenso è un abominio per me;

noviluni, sabati, assemblee sacre,
non posso sopportare delitto e solennità.
I vostri noviluni e le vostre feste
io detesto,
sono per me un peso;
sono stanco di sopportarli.
Quando stendete le mani,
io allontano gli occhi da voi.
Anche se moltiplicate le preghiere,
io non ascolto.
Le vostre mani grondano sangue» (Is 1,11-15).

Sostiamo per un istante davanti a questo gesto fortemente eloquente: Dio allontana gli occhi, cioè volta la faccia quando il popolo stende le mani per l'orazione. Perché questo comportamento di Dio? La risposta è limpida come un lampo. Quelle mani oranti sono piene di ingiustizia: come possono esprimere una preghiera sincera? Quelle mani oranti sono piene di ruberie: come possono tradurre un anelito di comunione con il Signore? Quelle mani oranti sono piene di cattiveria: come possono pretendere di abbracciare la Bontà?

Dio è giustamente disgustato. Eppure – e qui si affaccia, ancora una volta, il mistero di una fedeltà infinita – Dio conserva un appassionato e irrevocabile amore per l'umanità. Infatti lo sfogo divino non termina in una condanna senza appello e senza misericordia, ma si disgela subito in un accorato invito alla conversione:

«Su, venite e discutiamo»,
dice il Signore.
«Anche se i vostri peccati fossero come scarlatto,
diventeranno bianchi come neve.
Se fossero rossi come porpora,
diventeranno come lana» (Is 1,18).

Dio è così, Dio è meravigliosamente così: amore e fedeltà. Il Salmo 117 è la fotografia del mistero di Dio: «Grande è il Suo amore per noi e la Sua fedeltà dura in eterno». È un'endiadi che si fonda sul messaggio centrale della Bibbia: Dio è Amore!

Chi vede e chi non vede

Sant'Agostino, quando intravide l'incantevole mistero di Dio, trasalì di gioia e il suo cuore esplose in un dirompente inno d'amore: «Tardi ti ho amato, bellezza tanto antica e tanto nuova, tardi ti ho amato! Tu eri dentro di me e io stavo fuori, ti cercavo qui gettandomi deforme sulle belle forme delle tue creature. Tu eri con me e io non ero con te. Mi tenevano lontano da te le creature che, pure, se non esistessero in te, non esisterebbero assolutamente. Tu mi hai chiamato e hai vinto la mia cecità; hai diffuso il tuo profumo e io l'ho respirato e ora anelo a te; ti ho gustato e ora ho fame e sete di te; mi hai toccato e ora ardo del desiderio della tua pace» (*Confessioni* X, 27).

Un mistico islamico del IX secolo, Bayezid Bastami, ha scritto: «Andai alla ricerca di Dio per trent'anni e quando, alla fine di questo periodo, ebbi aperto gli occhi, scoprii che era lui che cercava me». Quanto è bello e quanto è vero tutto questo.

Marco Pisetta, ex terrorista graziato nel 1986, consegnò ad Adolfo Bachelet una toccante testimonianza sugli orizzonti che si aprirono nella sua anima, quando percepì che Dio c'è ed è Amore. Egli scrive: «Mi rallegra pensare che la Madonna che ho fatto ad Alessandria sia sul suo tavolo di lavoro, per ricordarle le sofferenze di tutti i detenuti del mondo». E continua dicendo: «Io spero di trovare un giorno il Paradiso, perché la mia parte di inferno l'ho già vissuta».

E, pochi giorni dopo la liberazione avvenuta nel 1986, confida: «Finalmente questa prova crudele e assurda è finita per me; purtroppo per altri non è ancora finita. Potrei dire di essere stato fortunato, ma non credo molto alla fortuna. Io dico invece che mi ha aiutato molto qualcuno che va oltre gli uomini, qualcuno al quale ho chiesto aiuto, qualcuno al quale mi sono affidato, qualcuno che mi ha dato una certa pace e serenità interna, qualcuno che ho incontrato in un cammino che sto cercando di percorrere anche ora, nonostante le molteplici difficoltà che vengono dal mio passato. Nel passato ho sempre diviso il mondo in due, nemici e amici; e poi lo dividevo ancora, in metà che scappa e l'altra metà che la rincorre, oppure metà che produce e metà che mangia i prodotti, e così via, in un circolo senza fine e senza sbocchi per uscirne, fatto di odi e di rancori. Non ho ancora il coraggio di pronunciare il nome di quel qualcuno, perché non credo di essere arrivato sufficientemente vicino a lui per sentirlo e per riconoscerlo, però intravedo la sua luce e odo la sua voce, anche se non capisco il suo linguaggio».

Chi apre gli occhi sul volto misericordioso di Dio, prova uno stupore che non finirà mai.

8

DIO SI SPECCHIA NELL'INFELICE MATRIMONIO DI OSEA

In ogni matrimonio si rispecchia tutta la storia della salvezza: il matrimonio è una miniatura, che racconta la relazione d'amore tra Dio e l'umanità.
RENZO BONETTI

Il matrimonio di Osea e il matrimonio di Dio

Osea accende una nuova luce per farci vedere l'intensità e l'ampiezza dell'amore fedele di Dio. Il profeta vive nel regno settentrionale di Israele e la sua predicazione (dal 750 al 722 a.C.) si muove in uno scenario di insicurezza e di inquietudine: «Gli stranieri – dice Osea – divorano la forza di Israele ed egli non se ne accorge, la canizie gli copre la testa ed egli non se ne avvede» (Os 7,9).

Israele è così debole e prostrato, che il profeta lo considera pronto per essere divorato «come una focaccia non ancora rivoltata» (Os 7,8). E la causa di tale situazione è ben precisa:

L'arroganza testimonia contro di loro,
non ritornano al Signore loro Dio
e, malgrado tutto, non lo ricercano (Os 7,10).

In questa caligine di decadenza sociale e morale, Osea fa balenare un annuncio di drammatica bellezza: sì, drammatica bellezza! Infatti «l'infelice matrimonio» di Osea diventa uno specchio per gridare in faccia ad Israele: «Tu sei una sposa infedele e Dio vive, per causa tua, le stesse lacerazioni che vive il cuore di uno sposo tradito. Però – sappilo, o Israele sposa infedele! – il tuo sposo è irremovibile nella sua fedeltà: il tuo sposo ti ama ancora!».

Osea, profeta dell'amore tradito

Un ascolto anche solo immediato della poesia di Osea rivela subito un lessico particolare, quello dell'amore. Amare, sedurre, sposa, matrimonio, marito mio, parlare al cuore, fidanzamento, doni d'amore, abbandonare, dimenticare, tradire, mentire, adulterio, odiare, coprirsi di vergogna, scoprire la nudità, inseguire gli amanti, cercare, generare illegittimi, prostituirsi, avere uno spirito di prostituzione... : è il soliloquio e lo sfogo sofferto di un innamorato tradito che però non sa non amare.

Tutta l'opera di Osea vibra di amore: dall'inizio alla fine. Nel primo capitolo la situazione del profeta viene assunta da Dio come simbolo potente e urlante del suo rapporto con Israele:

> Quando il Signore cominciò a parlare a Osea, gli disse:
> «Va', prenditi in moglie una prostituta
> e abbi figli di prostituzione,
> poiché il paese non fa che prostituirsi
> allontanandosi dal Signore» (Os 1,2).

Quanta amarezza e quanta tenerezza si nascondono in queste parole, che tentano di aprire un varco nel cuore infedele di Israele! Come è forte e come è appassionato l'amore di Dio, se non esita minimamente a prendere «un matrimonio infedele» come simbolo potente del suo legame con Israele. Ma anche i nomi dei figli (1,2-9) del profeta, secondo un procedimento caro anche a Isaia (7,3; 8,14; 10,2), diventano un simbolo parlante del messaggio che Dio, attraverso la vicenda di Osea, indirizza al suo popolo. I tre nomi risuonano come tre atti di accusa contro l'infedeltà di Israele nei confronti dei grandi impegni dell'alleanza (Es 19-24 e Gs 24).

Nella carne viva di questi bambini si vuole riassumere la storia di idolatrie, di rifiuti e di peccati del popolo dell'elezione. «*Lo'-rúhamah* – Non-amata», rievoca l'amore di Dio che, come dice la parola ebraica usata (*rhm*), è «viscerale» proprio come quello di una madre che «non dimentica il suo bambino e si commuove per il figlio delle sue viscere» (Is 49,15). Israele ha invece raggelato questo amore.

«*Lo'-'ammi* – Non-popolo-mio» è la negazione della formula classica dell'alleanza tra Dio e Israele: «Sarò il vostro Dio e voi sarete il mio popolo» (Lv 26,12; Ger 7,23; Ez 11,20; Zc 8,8). Dio ritorna ad essere un estraneo che «non è più per voi» (Os 1,9 ed Es 3,14). Anche il terzo bambino col suo nome Jizrel'el mette a fuoco un ricordo lugubre, quello del massacro operato proprio nell'omonima città settentrionale dal colpo di stato di Ieu (2Re 10,1-11). La famiglia del profeta è, così, il compendio cifrato di una lunga storia di peccati; il racconto di un'esperienza personale si trasforma in «un segno e presagio per Israele da parte del Signore degli eserciti» (Is 8,18).

Però l'amore di Dio verso Israele non può spegnersi come un fuoco di paglia. E così il cuore del «divino sposo» si apre al sogno, alla promessa, all'impegno solenne e simile a quello che si scambiano le persone profondamente innamorate:

Il numero degli Israeliti
sarà come la sabbia del mare,
che non si può misurare né contare.
Invece di sentirsi dire:
«Non siete mio popolo»,
saranno chiamati figli del Dio vivente.
I figli di Giuda e i figli di Israele
si riuniranno insieme,

si daranno un unico capo
e strariperanno dal paese,
perché grande sarà il giorno di Izreèl!
Dite ai vostri fratelli: «Popolo mio»
e alle vostre sorelle: «Amata» (Os 2,1-3).

Come non vibrare di emozione davanti a un Dio così buono e così fedele! Come non sentire la bruciante assurdità del peccato, che colpisce e ferisce un amore così totale e così libero e gratuito! E, in mezzo alla stucchevole e nauseante storia dei peccati che si rincorrono di secolo in secolo e di popolo in popolo, come non provare speranza davanti alla notizia che l'amore di Dio ha già superato ogni prova e ha resistito a ogni possibile tradimento umano! In ogni situazione noi possiamo esclamare: «Dio mi ama ancora».

Un amore più forte di ogni tradimento

Il secondo capitolo raccoglie una nuova denuncia del peccato di Israele attraverso immagini «carnose» e volutamente provocanti:

Accusate vostra madre,
accusatela,
perché essa non è più mia moglie
ed io non sono più suo marito!
Si tolga dalla faccia i segni delle sue prostituzioni
e i segni del suo adulterio dal suo petto;
altrimenti la spoglierò tutta nuda
e la renderò come quando nacque
e la ridurrò a un deserto,
come una terra arida,
e la farò morire di sete (Os 2,4-5).

Il Signore parla qui a Israele usando il linguaggio dell'amore ferito. Noi, forse, facciamo fatica a leggere, dietro a queste immagini, il vibrare dei sentimenti di Dio. Eppure la Parola di Dio non ha paura di «sporcarsi» attraversando questo fango umano, per dire all'uomo, con parole umane, il mistero divino dell'amore. Tutto questo è straordinariamente bello e merita di essere continuamente visitato dalla nostra riflessione e dalla nostra preghiera, perché soltanto così possiamo gustare tutta la ricchezza contenuta nelle parole che Dio ci consegna. Lo sfogo di Dio, intanto, si fa insistente come il lamento dell'innamorato tradito:

I suoi figli non li amerò,
perché sono figli di prostituzione.
La loro madre si è prostituita,
la loro genitrice si è coperta di vergogna.
Essa ha detto: «Seguirò i miei amanti,
che mi danno il mio pane e la mia acqua,
la mia lana e il mio lino,
il mio olio e le mie bevande».
Perciò, ecco io sbarrerò la strada di spine
e ne cingerò il recinto di barriere
e non ritroverà i suoi sentieri (Os 2,6-8).

L'invettiva divina continua, passando nelle sterpaglie pungenti di un formulario tipico degli amori delusi, ma, improvvisamente, l'amore divino riaffiora e assorbe tutto lo sdegno e lo illumina con i raggi di una tenerezza irrinunciabile e inestinguibile:

Oracolo del Signore.
Perciò, ecco la attirerò a me,
la condurrò nel deserto
e parlerò al suo cuore.
Le renderò le sue vigne
e trasformerò la valle di Acòr [= valle di sventura]
in porta di speranza.
Là canterà
come nei giorni della sua giovinezza,
come quando uscì

dal paese d'Egitto.
E avverrà in quel giorno
– oracolo del Signore –
mi chiamerai: Marito mio,
e non mi chiamerai più: Mio padrone.
Le toglierò dalla bocca
i nomi di Baal,
che non saranno più ricordati.
In quel tempo farò per loro un'alleanza
con le bestie della terra
e gli uccelli del cielo
e con i rettili del suolo;
arco e spada e guerra
eliminerò dal paese;
e li farò riposare tranquilli.
Ti farò mia sposa per sempre,
ti farò mia sposa
nella giustizia e nel diritto,
nella benevolenza e nell'amore,
ti fidanzerò con me nella fedeltà
e tu conoscerai il Signore.
E avverrà in quel giorno
– oracolo del Signore –
io risponderò al cielo
ed esso risponderà alla terra;
la terra risponderà con il grano,
il vino nuovo e l'olio
e questi risponderanno a Izreèl.
Io li seminerò di nuovo per me
nel paese e amerò Non-amata;
e a Non-mio-popolo dirò: Popolo mio,
ed egli mi dirà: Mio Dio (Os 2,16-25).

Queste stupende parole pulsano forte come il cuore di un innamorato e traducono mirabilmente un mistero che, altrimenti, ci resterebbe inaccessibile. Queste incantevoli immagini profumano di «sogno» e di «ardimento»: caratteristiche immancabili degli amori veri e degli amori profondi. Dio, attraverso queste immagini, traduce il suo amore per noi e ce lo fa sentire vivo, vicino, comprensibile. E il «sogno» del divino innamorato lentamente scava una strada in mezzo ai tradimenti e alle infedeltà umane.

Dall'amore dello sposo all'amore del Padre

Sembra, a un certo punto, che le immagini esplodano nella penna del profeta; egli non riesce a dire tutta la potenza dell'amore di Dio e tutta l'ampiezza della sua fedeltà. Per questo cerca immagini, specchi, segni e richiami sempre nuovi. E, allora, come non ricorrere all'amore del padre per cantare l'amore di quel Padre che ispira e modella ogni paternità? Osea è felice di aver trovato un nuovo simbolo e, subito, si accinge a cantare in questa nuova tonalità la melodia bellissima dell'amore di Dio. Egli scrive con accenti delicatissimi:

> Quando Israele era giovinetto,
> io l'ho amato
> e dall'Egitto ho chiamato mio figlio.
> Ma più li chiamavo,
> più si allontanavano da me;
> immolavano vittime ai Baal,
> agli idoli bruciavano incensi.
> Ad Efraim io insegnavo a camminare
> tenendolo per mano,
> ma essi non compresero
> che avevo cura di loro.
> Io li traevo con legami di bontà,
> con vincoli d'amore;
> ero per loro
> come chi solleva un bimbo alla sua guancia;
> mi chinavo su di lui
> per dargli da mangiare (Os 11,1-4).

Il profeta non tralascia nessun particolare: io l'ho amato, lo chiamavo mio figlio, gli insegnavo a camminare, lo tenevo per mano, lo sollevavo alla guancia, mi chinavo su di lui, gli davo da mangiare. Il «Padre» ha pronunciato tutto l'alfabeto dell'amore, ma la risposta del figlio è stata amaramente deludente: «Più li chiamavo, più si allontanavano da me» (Os 11,2).

Mistero di ingratitudine! Mistero che ci illumina, ci mette a nudo, ci svela a noi stessi e ci interpella continuamente. Il «Padre», mentre sente che il «figlio» gli sfugge sdegnosamente e volutamente dall'abbraccio paterno, ha soltanto la forza di ricordargli la tristezza della vita di ogni «orfano»:

> Ritornerà al paese di Egitto,
> Assur sarà il suo re,
> perché non hanno voluto convertirsi.
> La spada farà strage nelle loro città,
> sterminerà i loro figli,
> demolirà le loro fortezze.
> Il mio popolo è duro a convertirsi:
> chiamato a guardare in alto
> nessuno sa sollevare lo sguardo (Os 11,5-7).

Queste sono parole di densa amarezza, attraverso le quali Dio ci fa sapere che il peccato Lo ferisce perché ferisce l'uomo, accartocciandolo nella sua vita e nella sua storia. Però non esiste peccato che possa modificare il cuore di Dio. Dio continua ad amare e trova espressioni toccanti per scuotere Israele, che, platealmente, ha tradito l'amore:

> Come potrei abbandonarti, Efraim,
> come consegnarti ad altri, Israele?
> Come potrei trattarti al pari di Admà,
> ridurti allo stato di Zeboim?
> Il mio cuore si commuove dentro di me,
> il mio intimo freme di compassione.
> Non darò sfogo alla mia ira,
> non tornerò a distruggere Efraim,

perché sono Dio e non un uomo;
sono il Santo in mezzo a te
e non verrò nella mia ira (Os 11,8-9).

Argomento di straordinaria bellezza e motivo di incrollabile speranza è il fatto che Dio attribuisca allo «specifico divino» l'incapacità di odiare e, quindi, la perenne disponibilità al perdono e alla clemenza: «Sono Dio e non un uomo». La certezza della bontà e della fedeltà di Dio ci deve incoraggiare ad andare verso di Lui in ogni momento e partendo da qualsiasi situazione: l'amore di Dio non crolla mai. E, appoggiandosi sull'amore di Dio, l'uomo può sempre ricominciare un cammino e ricostruire un'esistenza. Le parole del Salmo 84 le possiamo leggere in chiave di «viaggio verso l'Amore», per dare voce, attraverso di esse, al nostro gaudio e alla nostra gratitudine:

Quanto sono amabili le tue dimore,
Signore degli eserciti!
L'anima mia languisce
e brama gli atri del Signore.
Il mio cuore e la mia carne
esultano nel Dio vivente.
Anche il passero trova la casa,
la rondine il nido,
dove porre i suoi piccoli,
presso i tuoi altari,
Signore degli eserciti, mio re e mio Dio.
Beato chi abita la tua casa:
sempre canta le tue lodi!
Beato chi trova in te la sua forza
e decide nel suo cuore il santo viaggio.
Passando per la valle del pianto
la cambia in una sorgente,
anche la prima pioggia
l'ammanta di benedizioni.
Cresce lungo il cammino il suo vigore,
finché compare davanti a Dio in Sion (Sal 84,2-8).

«Meglio stare sulla soglia della casa di Dio che abitare nelle tende degli empi» (Sal 84, 11)

Pier Paolo Pasolini, con il fluttuare del suo pensiero e con la tragica conclusione della sua vita, è stato un personaggio «simbolo» della nostra epoca tormentata. Nel 1949, in una raccolta poetica intitolata *Usignolo della Chiesa Cattolica*, Pasolini incise alcune parole che, forse, sono la spiegazione della sua inquietudine e la ragione del vagabondare del suo pensiero e della sua vita.

Egli testualmente e lucidamente scrive così:

Andate, Angeli, e dite al Signore
che al fulmine della sua redenzione
nascondo, ahimè, il bersaglio del mio cuore!

Pasolini decide di nascondere il suo cuore al lampo dell'amore di Dio e prega non per essere accolto tra le braccia di Dio, ma per essere lasciato libero di svincolarsi e fuggire lontano: egli vuole essere «un fanciullo ignoto a Dio». Ma, lontano da Dio, è possibile vivere? Lontano da Dio, è possibile costruire una speranza che abbia senso? Lontano da Dio, è possibile gustare una gioia vera e duratura? Senza l'amore di Dio, che cosa diventa ogni altro amore? Confortati dall'esperienza, noi possiamo cantare ai lontani e ai vicini:

Per me un giorno nei tuoi atri
è più che mille altrove,
stare sulla soglia della casa del mio Dio
è meglio che abitare nelle tende degli empi (Sal 84,11).

E, sazi di gioia, possiamo aggiungere:

Hai messo più gioia nel mio cuore
di quanto abbondano vino e frumento.
In pace mi corico e subito mi addormento:
tu solo, Signore, al sicuro mi fai riposare (Sal 4,8-9).

9

FEDELTÀ E INFEDELTÀ: FINO A QUANDO? GEREMIA ANNUNCIA UNA SORPRENDENTE DECISIONE DI DIO

La storia degli uomini è come un mare in tempesta;
in profondità, però, il mare è calmo, perché c'è la mano di Dio
che regge e guida anche le tempeste.
MADRE TERESA DI CALCUTTA

Un profeta timido in tempi terribili

Attorno all'anno 650 a.C., Geremia nasce ad Anatot, un modesto villaggio poco distante da Gerusalemme. Nell'anno 626, il giovane, di temperamento piuttosto riservato, viene chiamato dal Signore per un'impresa che avrebbe fatto tremare anche le persone più coraggiose. Nel racconto della vocazione c'è già, in embrione, tutta la lacerante vicenda del timido profeta di Anatot:

> Mi fu rivolta questa parola del Signore:
> «Prima di formarti nel grembo materno, ti conoscevo,
> prima che tu uscissi alla luce, ti avevo consacrato;
> ti ho stabilito profeta delle nazioni».
> Risposi: «Ahimè, Signore Dio, ecco io non so parlare,
> perché sono giovane».
> Ma il Signore mi disse: «Non dire: Sono giovane,
> ma va' da coloro a cui ti manderò
> e annuncia ciò che io ti ordinerò.
> Non temerli,
> perché io sono con te per proteggerti».
> Oracolo del Signore.
> Il Signore stese la mano, mi toccò la bocca

e il Signore mi disse:
«Ecco, ti metto le mie parole sulla bocca.
Ecco, oggi ti costituisco
sopra i popoli e sopra i regni
per sradicare e demolire,
per distruggere e abbattere,
per edificare e piantare» (Ger 1,4-10).

Il giovane si fida del Signore, che subito gli chiede: «“Che cosa vedi, Geremia?”. Risposi: “Vedo un ramo di mandorlo”. Il Signore soggiunse: “Hai visto bene, perché io vigilo sulla mia parola per realizzarla”» (Ger 1,11-12).

«Mandorlo-*shaqed*» e «vigilo-*shoqed*»: con questo significativo gioco di parole Dio assicura il titubante Geremia che egli «vigila», «è vicino», «è accanto», «cammina nella storia», «è fedele». E così Geremia parte per la grande impresa profetica. Ma poi, quando si vede sballottato dagli avvenimenti e osteggiato su tutti i fronti e colpito da prove di ogni genere, Geremia arriva quasi alla «bestemmia» di accusare Dio di averlo ingannato:

Mi hai sedotto, Signore, e io mi sono lasciato sedurre;
mi hai fatto forza e hai prevalso.
Sono diventato oggetto di scherno ogni giorno;
ognuno si fa beffe di me (Ger 20,7).

È addirittura tentato di tornare indietro, ma non ci riesce:

Mi dicevo: «Non penserò più a lui,
non parlerò più in suo nome!».
Ma nel mio cuore c’era come un fuoco ardente,
chiuso nelle mie ossa;
mi sforzavo di contenerlo,
ma non potevo (Ger 20,9).

E, considerando che il ministero profetico gli ha procurato soltanto «obbrobrio e scherno ogni giorno» (Ger 20,8), Geremia urla la sua sofferenza e la getta tra le braccia di Dio in un gesto di incontenibile sconsolazione:

Maledetto il giorno in cui nacqui;
il giorno in cui mia madre mi diede alla luce
non sia mai benedetto.
Maledetto l'uomo che portò la notizia
a mio padre, dicendo:
«Ti è nato un figlio maschio».
[...] Perché mai sono uscito dal seno materno
per vedere tormenti e dolore
e per finire i miei giorni nella vergogna? (Ger 20,14-15).

Eppure, proprio questo profeta ci ha regalato pagine dolcissime e luminosissime, facendosi interprete fedele dell'amore di Dio, che cammina lungo la storia degli uomini per aprire sempre nuovi varchi di salvezza: nonostante tutto, nonostante tutti.

«Mi ricordo di te, dell'affetto della tua giovinezza» (Ger 2,2)

Negli «oracoli per Gerusalemme e per Giuda» Geremia scrive una delle più lucide meditazioni sul mistero del peccato umano, visto come assurda ingratitudine e come insipiente scelta di autodistruzione. Il profeta, per sottolineare il contrasto tra l'amore fedele e l'amore infedele, inizia dicendo che Dio non dimentica la freschezza del primo abbraccio con il suo popolo:

Mi ricordo di te, dell'affetto della tua giovinezza,
dell'amore al tempo del fidanzamento,
quando mi seguivi nel deserto,
in una terra non seminata (Ger 2,2).

Per questo, Dio è turbato a causa delle successive scelte di Israele e si permette di domandare:

Quale ingiustizia trovarono in me i vostri padri,
per allontanarsi da me?
Essi seguirono ciò che è vano,
diventarono loro stessi vanità
e non si domandarono: Dov'è il Signore
che ci fece uscire dal paese d'Egitto,
ci guidò nel deserto,
per una terra di steppe e di frane,
per una terra arida e tenebrosa,
per una terra che nessuno attraversa
e dove nessuno dimora?
Io vi ho condotti in una terra da giardino,
perché ne mangiaste i frutti e i prodotti.
Ma voi, appena entrati, avete contaminato la mia terra
e avete reso il mio possesso un abominio (Ger 2,5-7).

In ogni peccato si consuma un tradimento nei confronti dell'amore fedele di Dio e *si innesca un meccanismo perverso di autopunizione*. Dio lo sa e lo grida davanti al suo popolo, mettendo a confronto la polla limpida di una sorgente con l'acqua putrida e stagnante di una cisterna:

Recatevi nelle isole di Kittim e osservate,
mandate pure a Kedàr e considerate bene;
vedete se là è mai accaduta una cosa simile.
Ha mai un popolo cambiato dèi?
Eppure quelli non sono dèi!
Ma il mio popolo ha cambiato colui che è la sua gloria
con un essere inutile e vano.
Stupitene, o cieli;
inorridite come non mai.
Oracolo del Signore.
Perché il mio popolo ha commesso due iniquità:
essi hanno abbandonato me,
sorgente di acqua viva, per scavarsi cisterne,
cisterne screpolate,
che non tengono acqua (Ger 2,10-13).

La scelta insensata e caparbia del peccato appare al Signore qualcosa di inspiegabile, perché il peccato è veramente «cosa cattiva e amara» (Ger 2,19). Dio, allora, si sofferma a descriverne i meccanismi assurdi e a ripercorrerne i sentieri perversi, con la segreta speranza che Israele non si illuda di purificarsi con «soda e potassa», ma apra il cuore a una vera e sincera conversione:

La tua stessa malvagità ti castiga
e le tue ribellioni ti puniscono.
Riconosci e vedi quanto è cosa cattiva e amara
l'avere abbandonato il Signore tuo Dio
e il non avere più timore di me.
Oracolo del Signore degli eserciti.
Poiché già da tempo hai infranto il tuo giogo,
hai spezzato i tuoi legami
e hai detto: Non ti servirò!
Infatti sopra ogni colle elevato
e sotto ogni albero verde ti sei prostituita.
Io ti avevo piantato come vigna scelta,
tutta di vitigni genuini;
ora, come mai ti sei mutata
in tralci degeneri di vigna bastarda?
Anche se ti lavassi con la soda
e usassi molta potassa,
davanti a me resterebbe la macchia della tua iniquità.
Oracolo del Signore.
Perché osi dire: Non mi sono contaminata,
non ho seguito i Baal?
Considera i tuoi passi là nella valle,
riconosci quello che hai fatto,
giovane cammella leggera e vagabonda,
asina selvatica abituata al deserto:
nell'ardore del suo desiderio aspira l'aria;
chi può frenare la sua brama?
Quanti la cercano non devono stancarsi:
la troveranno sempre nel suo mese (Ger 2,19-24).

Che immagini carnose e violente! Che richiami graffianti! Eppure, dietro a queste parole roventi, c'è un forte amore e il desiderio struggente di sentire i passi della sposa, che ritorna all'abbraccio di pace con il suo sposo. Per questo, al tempo della riforma di Giosia (622 a.C.), Geremia arriva a lanciare un accorato appello all'infedele regno del Nord:

> Ritorna, Israele ribelle, dice il Signore.
> Non ti mostrerò la faccia sdegnata,
> perché io sono pietoso, dice il Signore.
> Non conserverò l'ira per sempre (Ger 3,12).

E, dopo i tragici avvenimenti del 587 a.C. che portarono alla distruzione di Gerusalemme e del tempio e dell'arca dell'alleanza, Geremia dà voce a tutta la potenza del «sogno» dell'amore fedele di Dio: «Ritornate, figli traviati – dice il Signore – poiché io sono il vostro padrone. Io vi prenderò uno da ogni città e due da ciascuna famiglia e vi condurrò a Sion. Vi darò pastori secondo il mio cuore, i quali vi guideranno con scienza e intelligenza. Quando poi vi sarete moltiplicati e sarete stati fecondi nel paese, in quei giorni – dice il Signore – non si parlerà più dell'arca dell'alleanza del Signore; nessuno ci penserà né se ne ricorderà; essa non sarà rimpianta né rifatta. In quel tempo chiameranno Gerusalemme trono del Signore; tutti i popoli vi si raduneranno nel nome del Signore e non seguiranno più la caparbietà del loro cuore malvagio. In quei giorni la casa di Giuda andrà verso la casa di Israele e tutte e due torneranno insieme dalla regione settentrionale nel paese che io avevo dato in eredità ai loro padri» (Ger 3,14-18).

Dio, dentro la storia umana, è Colui che percorre sempre la via dell'amore e invita l'uomo a camminare sulla stessa strada. Quanto è consolante sapere che Dio è così.

Una scena da brivido: Geremia annuncia nel tempio la distruzione del tempio

Nella città di Gerusalemme il tempio era sentito come una presenza e una protezione. Ma Dio può proteggerci, quando noi siamo lontani da lui? Dio può salvare la nostra storia, quando noi scriviamo la storia ignorando la sua Parola e la sua volontà? Dio può essere nostro salvatore, quando noi non vogliamo essere salvati? Il tempio della presenza di Dio, in una città senza la presenza di Dio nel tempio dei cuori, è come una «comunione sacrilega»!

Geremia, allora, consegna un avvertimento, che va al di là della contingenza in cui venne pronunciato e illumina tutto il cammino del popolo di Dio: «Questa è la parola che fu rivolta dal Signore a Geremia: "Férmati alla porta del tempio del Signore e là pronuncia questo discorso dicendo: Ascoltate la parola del Signore, voi tutti di Giuda che attraversate queste porte per prostrarvi al Signore. Così dice il Signore degli eserciti, Dio di Israele: Migliorate la vostra condotta e le vostre azioni e io vi farò abitare in questo luogo. Pertanto non confidate nelle parole menzognere di coloro che dicono: Tempio del Signore, tempio del Signore, tempio del Signore è questo"» (Ger 7,1-4).

E, lasciando parlare le rovine della storia passata che lanciano bagliori sul presente e sul futuro, il profeta aggiunge: «Parola del Signore. Andate, dunque, nella mia dimora che era in Silo, dove avevo da principio posto il mio nome; considerate che cosa io ne ho fatto a causa della malvagità di Israele, mio popolo. Ora, poiché avete compiuto tutte queste azioni – parola del Signore – e, quando vi ho parlato con premura e sempre, non mi avete ascoltato e, quando vi ho chiamato, non mi avete risposto, io tratterò questo tempio che porta il mio nome e nel quale confidate e questo luogo che ho concesso a voi e ai vostri padri, come ho trattato Silo» (Ger 7,11-14).

E così fu. Infatti «questo è il popolo che non ascolta la voce del Signore suo Dio, né accetta la correzione. La fedeltà è sparita, è stata bandita dalla sua bocca» (Ger 7,28). Amarezza totale. Dichiarazione di impotenza davanti al mistero della libertà umana.

In un altro testo (Ger 13,1-11), facendo riferimento a una cintura di lino fatta marcire nella fessura di una pietra lungo il fiume Eufrate, Geremia confida una sconsolata riflessione: «Come questa cintura aderisce ai fianchi di un uomo, così io volli che aderisse a me tutta la casa di Israele e tutta la casa di Giuda – parola del Signore – perché fossero mio popolo, mia fama, mia lode e mia gloria, ma non mi ascoltarono» (Ger 13,11).

Ma Dio ama ancora... e l'amore cerca sempre nuove vie

«La fedeltà è sparita!» (Ger 7,28): questo vale per gli uomini, ma non può valere per Dio. Dio è «il fedele» e così, mentre le macerie fumanti di Gerusalemme e del tempio spengono anche la più piccola speranza, egli annuncia la grande speranza. I capitoli 30-31 sono pagine splendenti di speranza e costituiscono un libretto autonomo, simile al «libro della consolazione» del Secondo Isaia. Dio, in queste pagine luminosissime, si manifesta in tutta la tenacia del suo amore. Egli vede la drammatica situazione del suo popolo:

> La tua ferita è incurabile,
> la tua piaga è molto grave.
> Per la tua piaga non ci sono rimedi,
> non si forma nessuna cicatrice.
> Tutti i tuoi amanti ti hanno dimenticato,
> non ti cercano più... (Ger 30,12-14).

Ma Dio ha un amore più forte e più tenace dell'ostinazione del peccato umano:

> Farò, infatti, cicatrizzare la tua ferita
> e ti guarirò dalle tue piaghe (Ger 30,17).

E, subito, l'amore fedele si mette a descrivere un futuro festoso, nel quale le lacrime degli esuli prodigiosamente si asciugano e fioriscono nel sorriso del popolo che ritorna:

Poiché ti chiamano la ripudiata, o Sion,
quella di cui nessuno si cura,
così dice il Signore:
«Ecco restaurerò la sorte delle tende di Giacobbe
e avrò compassione delle sue dimore.
La città sarà ricostruita sulle rovine
e il palazzo sorgerà di nuovo al suo posto.
Ne usciranno inni di lode,
voci di gente festante» (Ger 30,17-19).

E il motivo dell'agire di Dio è rivelato in parole rapidissime, come il guizzo di un lampo che attraversa la notte fonda della storia umana:

Ti ho amato di amore eterno,
per questo ti conservo ancora pietà (Ger 31,3).

Dio, artefice di questa inattesa e meravigliosa trasformazione, appare come:

- *un padre:*

Essi erano partiti nel pianto,
io li riporterò tra le consolazioni;
li condurrò a fiumi d'acqua
per una strada diritta in cui non inciamperanno;
perché io sono un padre per Israele,
Efraim è il mio primogenito (Ger 31,9);

- *un pastore:*

Chi ha disperso Israele lo raduna
e lo custodisce come fa un pastore con il gregge (Ger 31,10);

- *una madre:*

Non è forse Efraim un figlio caro per me,
un mio fanciullo prediletto?
Infatti dopo averlo minacciato,
me ne ricordo sempre più vivamente.
Per questo le mie viscere si commuovono per lui,
provo per lui profonda tenerezza (Ger 31,20);

- *uno sposo:*

Oracolo del Signore.
Pianta dei cippi,
metti pali indicatori,
sta bene attenta alla strada,
alla via che hai percorso.
Ritorna, vergine di Israele,
ritorna alle tue città.
Fino a quando andrai vagando,
figlia ribelle?
Poiché il Signore crea una cosa nuova sulla terra:
la donna cingerà l'uomo! (Ger 31,21-22).

E la «cosa nuova» brucia talmente dentro il cuore di Dio che diventa un segreto che non si può più nascondere. Allora l'annuncio si fa chiaro e la promessa si fa solenne: «Ecco verranno giorni – dice il Signore – nei quali con la casa di Israele e con la casa di Giuda io concluderò un'alleanza nuova. Non come l'alleanza che ho conclusa con i loro padri, quando li presi per mano per farli uscire dal paese d'Egitto, un'alleanza che essi hanno violato, benché io fossi loro Signore. Parola del Signore. Questa sarà l'alleanza che io concluderò con la casa di Israele dopo quei giorni, dice il Signore: Porrò la mia legge nel loro animo, la scriverò sul loro cuore. Allora io sarò il loro Dio ed essi il mio popolo» (Ger 31,31-33).

Da questo momento gli occhi di Israele fissano gli occhi di Dio, per cogliere, nel suo sguardo, un segno che annunci il compimento della grande promessa. E anche noi scrutiamo l'orizzonte per rivivere la bellezza e l'ebbrezza dell'attesa: e il vento dello Spirito dolcemente ci porta l'eco di parole pronunciate dall'eternità: «Questo calice è la nuova alleanza nel mio sangue che viene versato per voi» (Lc 22,20).

È mai possibile, o Signore? Sì, è possibile: bisogna soltanto attendere... e queste parole saranno pronunciate dentro il tempo e dentro la vicenda umana.

Nove porzioni di dolore per Gerusalemme

Nel mirabile patrimonio della tradizione ebraica, che è il *midrash*, c'è una delicata parabola che dice così: «Quando Dio creò il mondo, creò dieci porzioni di bellezza: ne attribuì nove a Gerusalemme e una sola al resto del mondo. Creò dieci porzioni di scienza: ne attribuì nove a Gerusalemme e una sola al resto del mondo. Dio, però, creò anche dieci porzioni di dolore: ne attribuì nove a Gerusalemme e una sola al resto del mondo».

Quanto è vera questa parabola. E come è esatta la fotografia della storia di Gerusalemme. Gerusalemme, infatti, è stata percorsa da incendi e distruzioni, da assedi e occupazioni, da stragi e demolizioni continue... Eppure il dolore-simbolo di questa città-simbolo racchiude un seme di speranza per il dolore di tutte le città della terra: infatti, soltanto in Gerusalemme il sangue fatto scorrere dall'odio degli uomini diventerà «sangue versato in remissione dei peccati».

Per questo il Salmo 87 interpreta mirabilmente la gioia dell'umanità redenta che, pensando a Gerusalemme, la sente come la «propria» città ed esclama:

> Il Signore scriverà nel libro dei popoli:
> «Là costui è nato».
> E danzando canteranno:
> «Sono in te tutte le mie sorgenti» (Sal 87,6-7).

E la danza dei popoli è già cominciata nel cuore degli abitanti della futura Gerusalemme, che siamo tutti noi.

10

EZECHIELE SPINGE LONTANO LO SGUARDO: «VI DARÒ IL MIO SPIRITO!»

Da ogni parte ritrovo Te, anche quando credevo di fuggirti, Divino Amico della mia infanzia! So che non ci sei che Tu, ormai, che possa appagare il mio cuore esigente.
ANDRÉ GIDE

Ezechiele sfoglia l'album del fidanzamento tra Dio e Israele

Ezechiele, appartenente alla famiglia sacerdotale di Zadok, fu condotto in esilio a Babilonia nell'anno 598, dopo l'assedio di Gerusalemme da parte di Nabucodonosor e la conseguente resa della città. Egli, come Geremia, vive una profonda lacerazione interiore per la caduta della «città santa» e medita sulla storia del popolo eletto per ricercare la causa vera della sua rovina. Ezechiele, innanzi tutto, rievoca la gratuità dell'amore con cui Dio si è legato al suo popolo: «Mi fu rivolta questa parola del Signore: "Figlio dell'uomo, fa' conoscere a Gerusalemme tutti i suoi abomini. Dirai loro: Così dice il Signore Dio a Gerusalemme: Tu sei, per origine e nascita, del paese dei Cananei; tuo padre era un amorreo e tua madre Hittita. Alla tua nascita, quando fosti partorita, non ti fu tagliato l'ombelico e non fosti lavata con l'acqua per purificarti; non ti fecero le frizioni di sale, né fosti avvolta in fasce. Occhio pietoso non si volse su di te per farti una sola di queste cose e usarti compassione, ma come oggetto ripugnante fosti gettata via in piena campagna, il giorno della tua nascita"» (Ez 16,1-5).

Sono parole taglienti, che, però, dicono meravigliosamente la realtà della condizione umana nei confronti di Dio: l'umanità, con il peccato, si è messa ai margini della vita, si è autoesclusa dall'abbraccio di Dio, si è resa un oggetto ripugnante. Ma Dio non si smentisce e offre il suo amore totalmente gratuito: «Passai vicino a te e ti vidi mentre ti dibattevi nel sangue e ti dissi: Vivi nel tuo sangue e cresci come l'erba del campo. Crescesti e ti facesti grande e giungesti al fiore della tua giovinezza: il tuo petto divenne fiorente ed eri giunta ormai alla pubertà; ma eri nuda e scoperta. Passai vicino a te e ti vidi; ecco, la tua età era l'età dell'amore; io stesi il lembo del mio mantello su di te e coprii la tua nudità; giurai alleanza con te, dice il Signore, e divenisti mia» (Ez 16,6-8).

Però il popolo amato tradisce l'amore di Dio e rivela un'insensibilità e una leggerezza inspiegabili: «Tu però, infatuata per la tua bellezza e approfittando della tua fama, ti sei prostituita concedendo i tuoi favori ad ogni passante» (Ez 16,15).

Dio, allora, allenta l'abbraccio di amore diventato un abbraccio ipocrita perché non più corrisposto dalla sposa; ed ecco la drammatica conseguenza: «Ti infliggerò la condanna delle adultere e delle sanguinarie e riverserò su di te furore e gelosia. Ti abbandonerò nelle loro mani e distruggeranno i tuoi postriboli, demoliranno le tue alture; ti spoglieranno delle tue vesti e ti toglieranno i tuoi splendidi ornamenti: ti lasceranno scoperta e nuda» (Ez 16,38-39).

E allora? Il cielo si chiude, minacciosamente? No! Non può essere questa la conclusione. Infatti, la sposa adultera conosce le riserve infinite dell'amore del suo Sposo e subito si domanda:

> Forse Dio ci respingerà per sempre,
> non sarà più benevolo con noi?
> È forse cessato per sempre il suo amore,
> è finita la sua promessa per sempre?
> Può Dio aver dimenticato la misericordia,
> aver chiuso nell'ira il suo cuore? (Sal 77,8-10).

E, infatti, dal cielo subito scompaiono le nubi gravide di tempesta, ritorna il sole splendente ed Ezechiele si affretta ad annunciare la decisione di Dio: «Mi ricorderò dell'alleanza conclusa con te al tempo della tua giovinezza e stabilirò con te un'alleanza eterna» (Ez 16,60).

Un annuncio di delicatezza degna... dell'evangelista Luca

Ezechiele, come una vedetta che scruta l'orizzonte dalla cima di un monte altissimo, si fa portavoce dell'impazienza dell'amore divino. Dio non riesce più a sopportare lo spettacolo di un'umanità sbandata e ferita, saccheggiata e tiranneggiata dai prepotenti che si scambiano regolarmente il turno della cattiveria e dell'oppressione. Dio freme e si commuove e annuncia una soluzione, che rasenta l'inverosimile: ma, che cosa può essere inverosimile per chi ama infinitamente? Dice il Signore: «Ecco io stesso cercherò le mie pecore e ne avrò cura. Come un pastore passa in rassegna il suo gregge quando si trova in mezzo alle sue pecore che erano state disperse, così io passerò in rassegna le mie pecore e le radunerò da tutti i luoghi dove erano disperse nei giorni nuvolosi e di caligine. Le ritirerò dai popoli e le radunerò da tutte le regioni. Le ricondurrò nella loro terra e le farò pascolare sui monti d'Israele, nelle valli e in tutte le praterie della regione. Le condurrò in ottime pasture e il loro ovile sarà sui monti alti d'Israele; là riposeranno in un buon ovile e avranno rigogliosi pascoli sui monti d'Israele. Io stesso condurrò le mie pecore al pascolo e io le farò riposare. Oracolo del Signore.

Andrò in cerca della pecora perduta e ricondurrò all'ovile quella smarrita; fascerò quella ferita e curerò quella malata, avrò cura della grassa e della forte; le pascerò con giustizia» (Ez 34,11-16).

Queste parole sono cariche di tenerezza materna e di fermezza paterna e di dolcezza sponsale! Si avverte chiaramente che stanno maturando i tempi di Dio e si sta avvicinando la decisione delle decisioni: l'ora grande dell'amore di Dio per la sua sposa! Che cosa ha in mente il Signore? Che cosa sta per esplodere nel sole dell'infinita carità?

Una «promessa» più grande di ogni possibile «attesa»

Intanto, nella terra amara dell'esilio, mentre il popolo piange l'annuncio della fine di Gerusalemme e si tura le orecchie per non sentire la notizia ferale della distruzione del tempio, Ezechiele diventa l'inatteso annunciatore di una ridente primavera: «E voi, monti d'Israele, mettete rami e producete frutti per il mio popolo d'Israele, perché sta per tornare. Ecco infatti a voi, a voi io mi volgo; sarete ancora lavorati e sarete seminati. Moltiplicherò sopra di voi gli uomini, tutta la gente di Israele, e le città saranno ripopolate e le rovine ricostruite» (Ez 36,8-10).

E la «primavera» prende corpo in una visione che rovescia completamente la situazione che il profeta sta soffrendo con il suo popolo; le parole vibrano e trasmettono luce, letizia, ottimismo: «Vi prenderò dalle genti, vi radunerò da ogni terra e vi condurrò sul vostro suolo. Vi aspergerò con acqua pura e sarete purificati; io vi purificherò da tutte le vostre sozzure e da tutti i vostri idoli; vi darò un cuore nuovo, metterò dentro di voi uno spirito nuovo, toglierò da voi il cuore di pietra e vi darò un cuore di carne. Porrò il mio Spirito dentro di voi e vi farò vivere secondo i miei statuti e vi farò osservare e mettere in pratica le mie leggi» (Ez 36,24-27).

Là dove Geremia aveva detto: «Porrò la mia legge nel loro animo» (Ger 31,33), Ezechiele dichiara: «Porrò il mio Spirito dentro di voi» (Ez 36,27). Così viene precisato, nella sinfonia della rivelazione, che la legge interiore scritta nei cuori non è altro che lo Spirito di Jhwh donato all'uomo, affinché l'uomo viva e ami come vive e ama Dio stesso. La «promessa» è altissima. Ma la «parola» è pronunciata. Questa «parola» diventa un seme potente, che lentamente sfonda le zolle pesanti della storia peccaminosa dell'umanità e crea il miracolo atteso e voluto dall'amore fedele di Dio. Ormai si tratta solo di attendere.

Due nuove voci nella «sinfonia» dell'amore

Il Secondo Isaia, profeta dell'esilio e del post-esilio, aggiunge una nota acutissima nella mirabile sinfonia dell'amore di Dio racchiusa nelle Scritture. Egli, per calcare il contrasto tra le prove passate di Gerusalemme e il suo radioso avvenire, usa l'immagine della sposa «sterile» che, improvvisamente e inattesamente, si scopre «feconda»:

> Esulta, o sterile, che non hai partorito,
> prorompi in grida di giubilo e di gioia,
> tu che non hai provato i dolori,
> perché più numerosi sono i figli dell'abbandonata
> che i figli della maritata, dice il Signore (Is 54,1).

E poi, per fotografare da più parti l'immenso paesaggio dell'amore divino, il profeta percorre il simbolo della «donna ripudiata», che viene richiamata dal suo sposo con una decisione ardita e inusuale:

> Come una donna abbandonata
> e con l'animo afflitto, ti ha il Signore richiamata.
> Viene forse ripudiata la donna sposata in gioventù?
> dice il tuo Dio.
> Per un breve istante ti ho abbandonata,
> ma ti riprenderò con immenso amore.
> In un impeto di collera ti ho nascosto
> per un poco il mio volto;
> ma con affetto perenne ho avuto pietà di te,
> dice il tuo redentore, il Signore (Is 54,6-8).

E, infine, per assicurare il cuore della sposa e tutelarla da ogni dubbio sulla perennità dei sentimenti del cuore dello sposo, il profeta aggiunge una solenne e commovente promessa:

> Ora è per me come ai giorni di Noè,
> quando giurai che non avrei più riversato
> le acque di Noè sulla terra;
> così ora giuro di non più adirarmi
> con te e di non farti più minacce.
> Anche se i monti si spostassero
> e i colli vacillassero,
> non si allontanerebbe da te il mio affetto,
> né vacillerebbe la mia alleanza di pace,
> dice il Signore che ti usa misericordia (Is 54,9-10).

L'amore di Dio è più stabile della stabilità proverbiale di una montagna: tutto può cambiare, ma l'amore di Dio non cambia.

Il Terzo Isaia (un profeta che si muove sullo sfondo della ricostruzione del tempio e quindi sicuramente nel faticoso periodo del post-esilio) porta nuove delicate sfumature per tradurre l'intraducibile ricchezza del fuoco dell'amore di Dio. Ascoltiamo le sue parole, che, ormai, sono una rugiada che accompagna i passi di tutto il popolo di Dio, pellegrino verso la «nuova» Gerusalemme:

> Sarai una magnifica corona nella mano del Signore,
> un diadema regale nella palma del tuo Dio.
> Nessuno ti chiamerà più Abbandonata,
> né la tua terra sarà più detta Devastata,
> ma ti sarai chiamata Mio compiacimento
> e la tua terra, Sposata,
> perché il Signore si compiacerà di te
> e la tua terra avrà uno sposo.
> Sì, come un giovane sposa una vergine,
> così ti sposerà il tuo creatore;
> come gioisce lo sposo per la sposa,
> così il tuo Dio gioirà per te (Is 62,3-5).

E la gioia inebriante dello sposo comincia a brillare sul volto della sposa e, in lontananza, si vedono già le prime luci del prodigio dei prodigi:

Ecco infatti io creo
nuovi cieli e nuova terra;
non si ricorderà più il passato,
non verrà più in mente,
poiché si godrà e si gioirà sempre
di quello che sto per creare,
e farò di Gerusalemme una gioia,
del suo popolo un gaudio (Is 65,17-18).

Questa «Gerusalemme diventata gioia» è la nostra città; questo «popolo diventato gaudio» siamo tutti noi. Tutti, infatti, siamo invitati alla festa dell'amore, perché ogni posto vuoto è una ferita per l'amore. Per questo Dio ci cerca instancabilmente, ci ostacola nella fuga, ci aspetta fino all'ultima possibile speranza: l'amore è fatto così.

Molti sono tristi perché nessuno ha trasmesso loro questa «notizia»

Un giovane, morto in un incidente stradale alcuni anni fa, ha lasciato una struggente preghiera-testamento, nella quale ha fissato un'attesa incompiuta e un sogno rimasto soltanto sogno: perlomeno quaggiù! Forse le parole di questo giovane sono la voce dei sentimenti di tanta gente, che cerca disperatamente l'amore e non trova nessuno capace di farglielo incontrare. Vale la pena di meditare le parole di questa preghiera, che suonano come rimprovero per tutti noi, che abbiamo incontrato e conosciuto l'amore:

Signore,
io non sono capace di pregare:
mai nessuno me lo ha insegnato.

Anche adesso non so cosa dirti:
ma tu esisti?
Se esisti, perché non ti fai vedere da me?
Forse pretendo troppo!

Le vette, il mare, i fiori
tutto il creato parla di te,
ma io non sono capace di scoprirti.

Dicono che l'amore
sia una prova della tua esistenza:
forse è per questo
che io non ti ho incontrato:
non sono mai stato amato
in modo da sentire la tua presenza.

Signore,
fammi incontrare un amore
che mi porti a te,
un amore sincero, disinteressato,
fedele e generoso,
che sia un poco l'immagine tua.

Noi sappiamo che questo amore esiste, noi sappiamo che questo amore ha parlato, noi sappiamo che questo amore è entrato nella storia e ha una storia: perché non lo diciamo a tutti?

11

GESÙ È L'ULTIMA PAROLA DI DIO PERCHÉ È LA PRIMA PAROLA DI DIO

Perché ci si possa veramente fidare di un uomo, si esige la sua parola. Anche Dio ci ha dato la Sua Parola: Cristo!
SØREN KIERKEGAARD

È accaduto in questi giorni

La Lettera agli Ebrei inizia con queste dense parole: «Dio, che aveva già parlato nei tempi antichi molte volte e in diversi modi ai padri per mezzo dei profeti, ultimamente, in questi giorni, ha parlato a noi per mezzo del Figlio, che ha costituito erede di tutte le cose e per mezzo del quale ha fatto anche il mondo» (Eb 1,1-2).

La rivelazione-manifestazione di Dio, iniziata e realizzata in modo imperfetto con l'Antico Testamento, confluisce in Gesù e trova compimento in Gesù, perché Gesù è il Figlio di Dio fatto uomo. Questa verità è il cuore del cristianesimo, al punto tale che Fëdor Dostoevskji esclamò: «Se Gesù Cristo fosse soltanto un uomo non ci sarebbe salvezza e non ci sarebbe speranza. La salvezza e la speranza sta qui: "Il Verbo si è fatto carne" e la fede in queste parole».

L'evangelista Giovanni, a conclusione del suo mirabile prologo, osserva lucidamente: «Dio nessuno l'ha mai visto. Il Figlio Unigenito, che è nel seno del Padre, Lui ce l'ha raccontato-manifestato». Fissiamo, pertanto, il nostro sguardo di fede sul racconto di Dio fatto da Gesù: in Gesù inizia la nuova umanità, inizia la nuova Gerusalemme, iniziano i «cieli nuovi e la nuova terra».

La notizia più bella riguarda Dio

Gesù parla costantemente del Padre! E quando Gesù parla del Padre si avverte in maniera chiarissima che egli parla di *Uno* che vede, di *Uno* che conosce, di *Uno* di cui dipinge il volto. Le parole di Gesù sono parole calde, sono parole appassionate, sono parole cariche di emozione. Sono le parole di uno che vive nel mistero di Dio, perché egli stesso è Dio: «Gli disse Filippo: "Signore, mostraci il Padre e ci basta". Gli rispose Gesù: "Da tanto tempo sono con voi e tu non mi hai conosciuto, Filippo? Chi ha visto me ha visto il Padre. Come puoi dire: Mostraci il Padre? Non credi che io sono nel Padre e il Padre è in me? Le parole che io vi dico, non le dico da me; ma il Padre che è con me compie le sue opere. Credetemi: io sono nel Padre e il Padre è in me; se non altro, credetelo per le opere stesse"» (Gv 14,8-11).

André Gide, un uomo inquieto e inquietante, in un momento di verità ebbe il coraggio di dire: «Penso che non si tratti di credere alle parole del Cristo perché il Cristo è il figlio di Dio, quanto di comprendere che egli è il figlio di Dio perché la sua parola è divina e infinitamente più alta di tutto ciò che l'arte e la saggezza degli uomini possono proporci. Signore, non perché mi sia stato detto che tu eri il figlio di Dio ascolto la tua parola; ma la tua parola è bella al di sopra di ogni parola umana, e da questo io riconosco che sei il figlio di Dio». Anche Gide fu capace di riconoscere la novità che Gesù ha portato nel mondo! È un segnale che fa venire i brividi.

Questa novità oggi è drammaticamente urgente per l'umanità, perché l'umanità d'oggi rassomiglia talvolta a dei solchi diventati duri a motivo del gelo: questi solchi fanno fatica a ricevere la semente divina, affinché possa dare il frutto della gioia e della pace. Ma, proprio per questo, la seminagione del Vangelo è oggi drammaticamente urgente e necessaria.

Voglio raccontarvi tre testimonianze sul gelo che paralizza l'umanità contemporanea. La prima testimonianza è di uno scrittore notissimo, Ernest Hemingway. In uno dei suoi *Quarantanove racconti*, Hemingway ha composto una parodia del Padre Nostro: un Padre Nostro per pregare il «Dio del nulla», o meglio il «nulla» diventato «Dio».

Scrive Hemingway:

O nulla nostro che sei nel nulla,
sia nulla il tuo nome,
nulla il regno tuo,
e sia nulla la tua volontà,
così in nulla come in nulla.
Dacci oggi il nostro nulla quotidiano.
Ave nulla, pieno di nulla,
il nulla sia con te.

Non ho mai letto parole più tragiche di queste. Arrivo a capire perché Hemingway si sia suicidato con un colpo di fucile nel 1961: non si può vivere di nulla! Le sue affermazioni sono il contrario esatto del cristianesimo; sono il contrario esatto del volto splendido di Dio, che Gesù ci ha rivelato e ci ha consegnato.

Ed ecco un'altra testimonianza agghiacciante. È una parodia del Salmo 23, uno dei salmi più belli, uno dei salmi più luminosi della Bibbia, il salmo che inizia con un'affermazione stupenda: «Il Signore è il mio pastore!».

Un drogato di Haarlem ha composto una preghiera sulla falsariga del Salmo 23 che è stata pubblicata su una rivista americana. Dice così:

L'eroina è il mio pastore,
ne avrò sempre bisogno.
Mi fa riposare nei ruscelli,
mi conduce ad una dolce demenza,
distrugge la mia anima.
Mi conduce sulla strada dell'inferno
per amore del suo nome.
Sì, anche se camminassi

nella valle dell'ombra della morte,
non temerei alcun male
perché la droga è con me,
la mia siringa e il mio ago
mi portano conforto.

Parole amare, parole che rivelano la situazione di tanta parte dell'umanità di oggi: un'umanità che ha disperatamente bisogno della buona notizia che Dio solo può dare, perché Egli solo è «la Buona Notizia!».

Ed eccoci alla terza testimonianza... in negativo.

Uno scrittore austriaco, Thomas Bernhard, morto recentemente, ha scritto: «L'uomo è freddo, gelo e nebbia. Siamo degli animali intrappolati dal gelo e il gelo è onnipotente». No, non è vero, perché Dio è amore! E non è vero che siamo intrappolati nel gelo, perché siamo abbracciati da un amore infinito. Questa è la notizia che Gesù ci ha portato e noi ci fermiamo per alcuni istanti a contemplare questa meravigliosa notizia, che, una volta accolta, cambia la vita, la trasforma, la fa diventare un canto, la fa diventare un pellegrinaggio verso la festa.

Seguiamo Gesù e scrutiamo ogni suo gesto, perché tutto in Lui è rivelazione e manifestazione del Padre: è racconto di Dio!

Dio non ha le nostre ripugnanze

Gesù, Figlio di Dio, ci ha rivelato che Dio non ha le nostre ripugnanze. Un giorno, mentre camminava per una strada di Cafarnao, Gesù vide un uomo seduto al banco delle imposte: si chiamava Levi-Matteo. Nessuno avrebbe mai suggerito a Gesù di chiamare quell'uomo, nessuno si sarebbe mai azzardato a dire a Gesù: chiamalo tra i tuoi discepoli! Ebbene, Gesù ha avuto il coraggio di farlo. Racconta il Vangelo: «Andando via di là, Gesù vide un uomo seduto al banco delle imposte chiamato Matteo, e gli disse: "Seguimi!". Egli si alzò e lo seguì» (Mt 9,9). Perché Gesù si comporta così? Se Egli è Colui che svela il volto di Dio, quale volto emerge da questo Suo comportamento?

Continua il racconto del Vangelo: «Mentre Gesù sedeva a mensa in casa (di Matteo, il peccatore!) sopraggiunsero molti pubblicani e peccatori e si misero a tavola con lui e con i discepoli. Vedendo ciò, i farisei dicevano ai discepoli: "Perché il vostro maestro mangia insieme ai pubblicani e ai peccatori?". Gesù li udì e disse: "Non sono i sani che hanno bisogno del medico, ma i malati. Andate, dunque, e imparate che cosa significa: "Misericordia io voglio e non sacrificio" (Os 6,6). Infatti non sono venuto a chiamare i giusti, ma i peccatori» (Mt 9,10-13).

Gesù si comporta così, perché questa è la volontà del Padre: «Mio cibo è fare la volontà di Colui che mi ha mandato» (Gv 4,34).

Chi è il Padre? Certamente il Padre è uno che non ha ripugnanza dei peccatori: Egli li cerca e vuole salvarli! Questo ci ha svelato Gesù.

Riferisce ancora il Vangelo che, un giorno, mentre Gesù sedeva a mensa in una casa, entrò una donna: era «una peccatrice di quella città» (Lc 7,37). Chiunque l'avrebbe cacciata via o, almeno, avrebbe assunto un atteggiamento di doverosa distanza pronunciando parole di rimprovero e di condanna. Ma Gesù non fa così, perché il Padre non vuole che faccia così: il cuore del Padre, infatti, è diverso dal cuore degli uomini!

Entriamo nel racconto del Vangelo e lasciamoci invadere dall'onda di novità che ci viene incontro: «Uno dei farisei lo invitò a mangiare da lui. Egli entrò nella casa del fariseo e si mise a tavola. Ed ecco una donna, una peccatrice di quella città, saputo che si trovava nella casa del fariseo, venne con un vasetto di olio profumato; e fermatasi dietro si rannicchiò piangendo ai piedi di lui e cominciò a bagnarli di lacrime, poi li asciugava con i suoi capelli, li baciava e li cospargeva di olio profumato» (Lc 7,36-38).

Simone, l'uomo che ospitava Gesù, reagisce e si insospettisce: «A quella vista il fariseo che l'aveva invitato pensò tra sé: "Se costui fosse un profeta, saprebbe chi e che specie di donna è colei che lo tocca: è una peccatrice"» (Lc 7,39).

Ma Gesù sapeva chi era quella donna. Era Simone, purtroppo, che non sapeva chi era Gesù! E volete conoscere la conclusione dell'episodio? Eccola: «Gesù, volgendosi verso la donna, disse a Simone: "Vedi questa donna? Sono entrato nella tua casa e tu non m'hai dato l'acqua per i piedi; lei invece mi ha bagnato i piedi con le lacrime e li ha asciugati con i suoi capelli. Tu non mi hai dato un bacio, lei invece da quando sono entrato non ha cessato di baciarmi i piedi. Tu non mi hai cosparso il capo di olio profumato, ma lei mi ha cosparso di profumo i piedi. Per questo ti dico: le sono perdonati i suoi molti peccati, perché ha molto amato. Invece quello a cui si perdona poco, ama poco". Poi disse a lei: "Ti sono perdonati i tuoi peccati". Allora i commensali cominciarono a dire tra sé: "Chi è quest'uomo che perdona anche i peccati?". Ma egli disse alla donna: "La tua fede ti ha salvato, va' in pace!"» (Lc 7,44-50).

Perché Gesù usa tanta misericordia? Perché? Qual è, allora, il cuore di Gesù? E, soprattutto, quale *cuore di Dio* rivela il *cuore di Gesù*?

Dio non ha le nostre paure

Gesù ci svela che Dio non ha le nostre paure. Gesù ha chiamato Giuda. Ma non ha avuto paura a chiamare Giuda? No, non ha avuto paura: Dio, infatti, non ha le nostre paure! Dio ama anche chi non Lo ama! Questo è il volto luminoso di Dio, che noi abbiamo conosciuto in Gesù.

Nell'ultima cena Pietro ostenta una sicurezza che non ha: Gesù lo sa e annuncia a Pietro l'esito drammatico di quella notte di passione: «Disse Gesù: "Simone, Simone, ecco satana vi ha cercato per vagliarvi come il grano; ma io ho pregato per te, che non venga meno la tua fede; e tu, una volta ravveduto, conferma i tuoi fratelli".

E Pietro gli disse: "Signore, con te sono pronto ad andare in prigione e alla morte". Gli rispose: "Pietro, io ti dico: non canterà oggi il gallo prima che tu per tre volte avrai negato di conoscermi"» (Lc 22,31-34).

Pietro l'avrebbe rinnegato: eppure Gesù ha fatto di Pietro il primo Papa, la prima pietra. Ma non ha avuto paura? No, pur sapendo questo, Gesù non ha avuto paura. Perché? Perché Dio rischia così tanto? Cos'è che Lo spinge ad agire così? Dietro l'agire di Dio c'è l'amore: soltanto l'amore!

Dio non ha i nostri confini

Gesù ci svela che Dio non ha i nostri confini.

Un giorno si avvicinò a Gesù un centurione, un centurione pagano, e gli disse: «Signore, il mio servo giace in casa paralizzato e soffre terribilmente» (Mt 8,6).

Gesù gli rispose: «Io verrò e lo curerò». Ma il centurione riprese: «"Signore, io non son degno che tu entri sotto il mio tetto, dì soltanto una parola e il mio servo sarà guarito. Perché anch'io, che sono un subalterno, ho soldati sotto di me e dico a uno: Va', ed egli va; e a un altro: Vieni ed egli viene, e al mio servo: Fa' questo ed egli lo fa".

All'udire ciò Gesù ne fu ammirato e disse a quelli che lo seguivano: "In verità vi dico, presso nessuno in Israele ho trovato una fede così grande"» (Mt 8,7-10).

Dio non ha i nostri confini!

Perché il suo cuore non conosce confini? Ancora una volta la risposta è: perché Dio è Amore!

Dio non si accontenta di belle parole

Gesù ci svela che *Dio non si accontenta di belle parole*,

Dio non si accontenta di complimenti: come ogni innamorato Dio guarda al cuore, Dio vuole il cuore, Dio guarda ai sentimenti, Dio guarda alla verità che c'è dentro di noi.

L'evangelista Marco riferisce un significativo insegnamento di Gesù: «Allora si riunirono attorno a lui i farisei e alcuni degli scribi venuti da Gerusalemme. Avendo visto che alcuni dei suoi discepoli prendevano cibo con mani immonde, cioè non lavate – i farisei infatti e tutti i Giudei non mangiano se non si sono lavate le mani fino al gomito attenendosi alla tradizione degli antichi, e tornando dal mercato non mangiano senza aver fatto le abluzioni, e osservano molte altre cose per tradizione, come lavature di bicchieri, stoviglie e oggetti di rame – quei farisei e scribi lo interrogarono: "Perché i tuoi discepoli non si comportano secondo la tradizione degli antichi ma prendono cibi con mani immonde?". Ed egli rispose loro: "Bene ha profetato Isaia di voi, ipocriti, come sta scritto:

Questo popolo mi onora con le labbra,
ma il suo cuore è lontano da me..." (Mc 7,1-6).

Gesù guarda al cuore! Perché? Perché ogni innamorato si preoccupa, prima di tutto, del cuore della persona amata: e Dio si rivela come un innamorato dell'umanità!

Dio gradisce la misericordia

Gesù afferma che il cuore del culto è la misericordia, al punto tale che una preghiera senza misericordia non è preghiera: un culto senza misericordia non è culto, anzi è un'offesa a Dio. E Gesù racconta una parabola che è veramente rivoluzionaria: due uomini vanno al tempio, vanno tutti e due per pregare, tutti e due cominciano a pregare. Ebbene, uno esce dal tempio con un peccato in più. Perché? Perché prega senza misericordia, si accosta a Dio con il cuore pieno di rancore, pieno di orgoglio. No, il culto senza misericordia non è culto, non è preghiera: l'insegnamento di Gesù è categorico! Perché?

Rileggiamo la parabola e cerchiamo di cogliere il raggio di luce che va dalle parole al cuore di Cristo e dal cuore di Cristo al cuore del Padre: «Disse ancora questa parabola per alcuni che presumevano di essere giusti e disprezzavano gli altri: "Due uomini salirono al tempio a pregare: uno era fariseo e l'altro pubblicano. Il fariseo stando in piedi pregava così tra sé: O Dio, ti ringrazio che non sono come gli altri uomini, ladri, ingiusti, adulteri, e neppure come questo pubblicano. Digiuno due volte la settimana e pago le decime di quanto possiedo. Il pubblicano invece, fermatosi a distanza, non osava nemmeno alzare gli occhi al cielo, ma si batteva il petto dicendo: O Dio, abbi pietà di me peccatore. Io vi dico: questi tornò a casa sua giustificato, a differenza dell'altro, perché chi si esalta sarà umiliato e chi si umilia sarà esaltato"». (Lc 18,9-14).

Nasce spontanea una domanda: perché Gesù parla così e si comporta così? Quale Dio ha davanti? Quale Dio ci svela? Quale Dio ci manifesta? Chi è il Padre, con il quale Gesù parla in un modo mai udito, dicendogli: «Tutte le cose mie sono tue e tutte le cose tue sono mie» (Gv 17,10)? Qual è il volto e il cuore di Dio? Tutto il comportamento di Gesù va verso una precisa direzione: va verso l'Amore, fino a farci esclamare: «Dio è Amore» (1Gv 4,8).

12

GESÙ CONSEGNA TRE MERAVIGLIOSE PARABOLE CHE RACCONTANO IL VOLTO DI DIO

Il Buon Pastore che ha dato la sua vita per le sue pecore, cerca la pecora smarrita sui monti e sui colli sui quali si offrivano sacrifici agli idoli. Trovatala, se la pone su quelle medesime spalle, che avrebbero portato il legno della croce, e la riporta alla vita dell'eternità.

GREGORIO NAZIANZENO

Padre e Figlio

La vita di Gesù si sviluppa tutta in rapporto al Padre. Già a dodici anni, a Maria e Giuseppe che Lo cercavano con ansia da tre giorni, Egli risponde: «Perché mi cercavate? Non sapevate che io devo occuparmi delle cose del Padre mio?» (Lc 2,49). Queste parole dovettero avere l'effetto di un fulmine nel cuore dolcissimo della Madre. Maria comprende sempre di più che *quel* figlio è un mistero; ella avverte che *suo* figlio non è suo: Egli ha un Padre, che è il centro della Sua vita e la ragione della Sua esistenza! E Maria, la Madre, si inchina umilmente davanti al mistero del Figlio e crede, crede, ciecamente crede.

All'inizio della vita pubblica, in terra di Samaria, gli apostoli notarono che Gesù si dimenticava anche di mangiare e, pertanto, con preoccupazione gli dissero: «Rabbì, mangia!» (Gv 4,31). Ma Egli, quasi aprendo il mistero del Suo cuore, rispose: «Ho da mangiare un cibo che voi non conoscete! E i discepoli si domandarono l'un l'altro: "Qualcuno forse gli ha portato da mangiare?". Gesù disse loro: "Mio cibo è fare la volontà di Colui che mi ha mandato a compiere la Sua opera"» (Gv 4,32-34).

Questo è Gesù!

Dopo la guarigione di un infermo alla piscina di Betesda, Egli afferma categoricamente: «Il Padre mio opera sempre e anch'io opero» (Gv 5,17). Queste parole infastidirono moltissimo i giudei, perché sembrava loro inaudito e impossibile il legame strettissimo tra Gesù e il Padre. Riferisce Giovanni: «Proprio per questo i Giudei cercavano ancor più di ucciderlo: perché non soltanto violava il Sabato, ma chiamava Dio Suo Padre, facendosi uguale a Dio» (Gv 5,18).

Ma Gesù non indietreggia davanti all'ostilità, perché si tratta di difendere la Sua vera identità e «riprese a parlare e disse: "In verità, in verità vi dico, il Figlio da sé non può far nulla se non ciò che viene dal Padre; quello che Egli fa, anche il Figlio lo fa. Il Padre infatti ama il Figlio, gli manifesta tutto quello che fa e gli manifesterà opere ancora più grandi di queste e voi ne resterete meravigliati. Come il Padre risuscita i morti e dà la vita, così anche il Figlio dà la vita a chi vuole; il Padre infatti non giudica nessuno, ma ha rimesso ogni giudizio al Figlio, perché tutti onorino il Figlio come onorano il Padre. Chi non onora il Figlio, non onora il Padre che lo ha mandato"» (Gv 5,19-23).

Nell'orto degli ulivi, nel momento supremo e decisivo, che Gesù chiama «la mia ora» (Gv 2,4), Egli si rivolge al Padre con una confidenza che nessun israelita avrebbe mai osato neppure pensare ed esclama: «Abbà! Padre!» (Mc 14,36).

Il termine usato da Gesù, e da Lui soltanto, è onomatopeico, cioè è nato da un suono: quello del balbettio del bambino ebreo, quando cominciava a pronunciare le prime parole e chiamava *immà* la madre e *abbà* il padre. Figurarsi se il pio israelita si sarebbe mai preso una simile confidenza con quell'Altissimo, quell'Eterno, quell'Unico di cui non osava neppure pronunciare il nome e davanti al quale teneva sempre il capo coperto (presso i semiti questo gesto indica massimo rispetto).

L'islam, per fare soltanto un esempio, invoca Allah con 101 nomi: il Potente, il Giusto, l'Unico, il Clemente, il Misericordioso, l'Inaccessibile, l'Eterno...! Ma, tra gli appellativi rivolti a Dio, manca proprio quello di «Padre». Il cristianesimo, invece, si presenta come la religione del «Padre»: è *Lui* il centro di tutto ed è a *Lui* che ci conduce Cristo, partecipandoci la grazia di entrare nell'eterno abbraccio tra il Figlio e il Padre nel vincolo dello Spirito d'Amore. Evidentemente, senza Gesù, non si può conoscere il Padre e non è possibile avere accesso alla gioia della Sua vita divina.

Blaise Pascal ha acutamente osservato: «Non soltanto conosciamo Dio unicamente per mezzo di Gesù Cristo, ma conosciamo noi stessi unicamente per mezzo di Gesù Cristo. Noi non conosciamo la vita e la morte se non per mezzo di Gesù Cristo. Fuori di Gesù Cristo, non sappiamo che cosa sia la nostra vita e la nostra morte, *Dio* e *noi stessi*». Pascal arriva a concludere: «Non solo è impossibile, ma è inutile conoscere Dio senza Gesù Cristo».

E il filosofo contemporaneo Ugo Spirito ha dichiarato: «Dio mi manca, nel senso che non riesco a dargli un volto che possa soddisfarmi. Che Dio esiste è certo perché è il principio di tutto, l'assoluto. Ma a me, uomo, non basta avere questa certezza. *Io ho bisogno di dare un volto a Dio*, di sapere che cosa egli è realmente. Ecco perché lo inseguo, interrogando me stesso e il mondo. C'è una domanda che urge dentro di me e alla quale sento di dover dare una risposta: chi è Dio? Proprio l'urgenza di tale domanda mi ha spinto a girare paesi e continenti per cercare una risposta che mi appagasse. Non l'ho trovata, e perciò eccomi ancora qui, chiuso nel carcere del mio problematicismo. Io non so chi è Dio».

Com'è vero! Gesù, e soltanto Gesù, ci svela Dio e ci spalanca l'ingresso nel cuore di Dio e ci introduce nella consolante verità: Dio è Padre! Dio ama! Infatti Dio «ha tanto amato il mondo da dare il Suo Figlio unigenito, perché chiunque crede in Lui non muoia, ma abbia la vita eterna» (Gv 3,16).

A questo punto fissiamo lo sguardo sul volto di Dio, che

Gesù ci ha manifestato: cerchiamo di entrare nel mistero affascinante del *Padre*.

«Abbà! Padre!» (Mc 14,36): con queste parole il mistero della divinità si spalanca davanti agli uomini. Dio si rivela come un infinito oceano di fecondità, nel quale il Padre genera il Figlio ed eternamente Lo abbraccia nello Spirito d'Amore: Dio, allora, non è fredda solitudine, ma è gioiosa Trinità. Una notizia strabiliante e confortante!

Questa «notizia» poteva darcela soltanto «il Figlio unigenito che è nel seno del Padre» (Gv 1,18). Gesù, infatti, afferma: «Non che alcuno abbia visto il Padre, ma solo Colui che viene da Dio ha visto il Padre» (Gv 6,46).

Per questo il cristianesimo è la più grande novità che sia mai apparsa sulla faccia della terra: esso è la più grande novità *su Dio*, perché *Dio stesso* è venuto a raccontarci questa novità.

Dio è come un pastore che...

Gesù stupisce i suoi contemporanei per la sua bontà: una bontà sconfinata, imprevedibile, disarmante, gratuita!

A un certo punto i «presunti» giusti reagiscono e cominciano a difendere la zona «presunta» del loro privilegio. Racconta san Luca: «Si avvicinavano [il verbo all'imperfetto indica un'azione che si ripete, che è abituale] a lui tutti i pubblicani e i peccatori per ascoltarlo. I farisei e gli scribi mormoravano: "Costui riceve i peccatori e mangia con loro". [Il testo greco dice: «Costui tende, pende verso i peccatori! E mangia insieme a loro!»]. Allora egli disse loro questa parabola: "Chi di voi se ha cento pecore e ne perde una, non lascia le novantanove nel deserto e va dietro a quella perduta, finché non la ritrova? Ritrovatala, se le mette in spalla tutto contento, va a casa, chiama gli amici e i vicini dicendo: Rallegratevi con me, perché ho ritrovato la mia pecora che era perduta"» (Lc 15,1-6).

È evidente che Gesù racconta la parabola con il preciso intendimento di correggere la concezione di Dio che i suoi ascoltatori e denigratori avevano in mente. Gesù innanzi tutto dice: ma voi, quando smarrite una pecora, non lasciate le restanti novantanove nell'ovile per andare a cercare quella perduta? La domanda ci sorprende. Noi staremmo tranquilli con le novantanove pecore nell'ovile e manderemmo al diavolo l'unica pecora smarrita. Ma il comportamento di Dio è diverso: divinamente diverso!

E, con fine delicatezza, Gesù tratteggia la figura raggiante del pastore, che, tenendo sulle spalle la pecora ferita e stanca, torna all'ovile dopo un'interminabile giornata di ricerca. A questo punto Gesù fa un salto di pensiero che svela le Sue precise intenzioni. Egli dice: «Così, vi dico, ci sarà più gioia in cielo per un solo peccatore convertito [il testo greco insiste su questo particolare: per un solo peccatore!], che per novantanove giusti che non hanno bisogno di conversione» (Lc 15,7).

Gesù, allora, sta parlando del Cielo: ma il Cielo è Dio!

Egli, evidentemente, vuole correggere coloro che restano scandalizzati dalla rivelazione della bontà inaudita del Padre. E vuole invitarli a prendere atto che Dio è totalmente diverso da come loro lo immaginano: Dio è infinitamente *più buono*!

Già nell'Antico Testamento esisteva un Salmo che, con rara freschezza, presentava così il volto di Dio:

Il Signore è il mio pastore:
non manco di nulla;
su pascoli erbosi mi fa riposare,
ad acque tranquille mi conduce.
Mi rinfranca, mi guida per il giusto cammino
per amore del suo nome.
Se dovessi camminare in una valle oscura,
non temerei alcun male, perché tu sei con me.
Il tuo bastone e il tuo vincastro
mi danno sicurezza.
Davanti a me tu prepari una mensa
sotto gli occhi dei miei nemici;

cospargi di olio il mio capo.
Il mio calice trabocca.
Felicità e grazia mi saranno compagne
tutti i giorni della mia vita,
e abiterò nella casa del Signore
per lunghissimi anni (Sal 23).

Ma, nelle parole di Gesù, l'orizzonte si allarga: Dio non è soltanto il Pastore che guida e protegge il popolo dei «vicini», ma è anche il Pastore che cerca appassionatamente il popolo dei «lontani».

Meravigliosa notizia! Come è bello questo volto di Dio! Come è emozionante sapere che Dio fa festa «per un solo peccatore che si converte e ritorna al Suo abbraccio»!

Sì, è proprio così: meravigliosamente così!

Dio è come una donna che...

Per precisare il Suo pensiero e togliere ogni dubbio e ogni equivoco, Gesù aggiunge: «O quale donna, se ha dieci dramme e ne perde una, non accende la lucerna e spazza la casa e cerca attentamente finché non la ritrova? E dopo averla trovata, chiama le amiche e le vicine, dicendo: "Rallegratevi con me, perché ho ritrovato la dramma che avevo perduta"». (Lc 15,8-9).

Arditissima immagine: Dio è come una donna, che ha perso la pace perché ha perduto una moneta preziosa!

Chi si nasconde dietro l'immagine della moneta preziosa? Gesù è esplicito: «Così, vi dico, c'è gioia davanti agli angeli di Dio per un solo peccatore che si converte» (Lc 15,10).

La moneta preziosa è il peccatore! Ci pensate? Ma questo è un messaggio di bellezza unica e di consolazione inesauribile! L'uomo, e ogni uomo, è una moneta preziosa: Dio non vuole perdere questo tesoro e, pertanto, fa di tutto per tenerlo stretto al Suo cuore di Dio.

E se la follia dell'uomo arriva a perpetrare una fuga, Dio «butta all'aria tutta la casa» e, quando riesce a ricondurre il peccatore a fissare i Suoi occhi di Padre, Egli manda un sospiro di sollievo che illumina di gioia il Suo volto divino.

Come si fa a non commuoversi davanti a questa verità? Come si fa a non intenerirsi davanti a questo annuncio, che ci viene direttamente da Dio?

Ma Gesù non si ferma qui. Egli ha nel cuore la fotografia più bella del volto del Padre: è una vera «foto a colori»! Lo Spirito Santo ci purifichi lo sguardo, affinché possiamo fissare i nostri occhi negli occhi di Dio: è l'esperienza del Paradiso!

Intanto accogliamo una significativa testimonianza dal carcere: è una stupefacente preghiera scritta da un uomo, nel momento in cui la sua anima si stava aprendo al mistero dell'amore misericordioso di Dio. L'anima, però, esitava ancora e, allora, invece di rivolgersi a Dio, il carcerato si rivolge a Giuda con queste inconsuete parole:

Giuda, fratello mio...
Nella strada fangosa di questo mondo
io cammino insieme a te,
custode del denaro
come te,
adoratore del denaro!

Sento la vanità degli affanni che riempiono
il mio tempo:
tempo irripetibile,
tempo unico,
tempo di grazia... o tradimento!
Per sempre.

La mia mano ogni giorno stringe
nervosamente
la mollezza carnale della vita;
accarezza il corpo chimico
senza una nostalgia di risurrezione.

Trenta denari comprano il Figlio di Dio
nel commercio stupido
di questa fredda bottega umana.
Trenta denari!

È il tuo dramma, o Giuda...
è il mio dramma.

Quante volte compro e vendo,
preferisco un po' di terra,
una soddisfazione istantanea...
e butto via la gioia eterna
perché costa,
perché chiede un salto d'amore
nella croce brevissima –
tre ore di croce! –
di questa veloce vita.

Giuda, fratello mio,
non ti condanno più,
non ne ho il coraggio.
Soffro con te
e insieme a te senza pudore interrogo anch'io
l'Uomo innocente:
«Maestro sono forse io?».

E sento il tonfo di uno schiaffo
sul volto di Dio!
Dalla palude del mio tradimento
viene allora la voce:
«Sì, sono io che tradisco!
Quando con il silenzio ingiusto
copro le ingiustizie
che non hanno voce
e rifiuto di trasformare e pagare
io personalmente
il vuoto peccato dei miei amici.

Sono io...

Quando penso unicamente a me
e mi chiudo nel regno
delle mie contraddizioni, dei miei risentimenti,
delle mie passioni...

E dimentico di donare,
di morire ogni giorno per il mio prossimo
malmenato dai ladroni moderni
lungo l'interminabile strada
che va da Gerusalemme a Gerico:
dal tempo all'eternità!
Sono io...».

E la voce buona di un Dio tradito
mi sconvolge...
perché io,
l'egoista,
non capisco, non voglio, mi fa paura
un amore
che resiste anche al tradimento!

«Amico!», mi dice Dio.

O Dio,
lasciami gridare per questo scandaloso amore
che tu hai per me,
per l'uomo,
il traditore!

Lasciami per un momento imprecare,
bestemmiare
questa follia,
questo amore ingiusto...
Lasciami per un momento...
E poi mi piego
e piango con Pietro l'apostolo che ti rinnegò,
con Maddalena la prostituta santa.
Forse anche con Giuda.
Piango!

Piango la sorte del tuo amore
crudelmente,
continuamente tradito
da questo uomo,
da questo Giuda: io.
Perché questo assurdo?
Voglio sapere.
Rispondimi, o Dio,
perché sono fratello di Giuda...

E sento la tua voce: «Amico!»,
Tu rispondi ancora!
AMICO!

Dopo questa singolare preghiera, cadde per il carcerato il muro della paura e l'uomo si aprì alla festa del perdono. Guardando Gesù, scoprì che Dio è Amore infinito: credette e la sua anima si riempì di una grande gioia, che era riverbero della gioia ben più grande del cuore di Dio.

13

LA PARABOLA DEL PADRE FEDELMENTE PADRE

Egli dirà: «Venite avanti anche voi! Venite, ubriaconi; venite, deboli; venite, svergognati!». E allora noi ci faremo avanti senza vergognarci e ci fermeremo davanti a Lui. E diranno i sapienti: «Signore, perché accogli costoro?». Ed egli dirà: «Li accolgo, o sapienti, perché nessuno di loro si è mai reputato degno di ciò». E ci tenderà le mani e noi cadremo in ginocchio e piangeremo e comprenderemo tutto.

FËDOR DOSTOEVSKIJ

Il padre e i due figli

Una terza parabola è una vera esplosione d'amore: al centro della parabola, infatti, c'è il padre che viene ferito nel cuore dal comportamento assurdo dei due figli. Il figlio più giovane si allontana sbattendo la porta, ma anche il figlio maggiore fugge: egli fa la fuga più pericolosa e più subdola, perché egli fugge con il cuore e non si accorge di essere fuggito fino a quando una precisa circostanza (il ritorno del fratello e l'incapacità di far festa con il padre) non fanno cadere la maschera, svelando la lontananza del suo cuore dal cuore del padre.

Il figlio più giovane

Entriamo nella parabola e lasciamola parlare in tutte le sue sfumature. Il padre inizialmente non parla: egli è una presenza buona, che riempie la casa e crea la gioia dei figli. Ma il figlio più giovane a un certo punto paradossalmente chiede di fuggire dalla casa del padre: e il padre non lo impedisce! Questo particolare dice chiaramente che la libertà è un fatto serio: non è Dio che vuole l'inferno, ma è l'uomo che può volerlo; non è il Padre che caccia via il figlio, ma è il figlio che scappa e sbatte la porta in faccia al Padre. Dove sta il peccato di questo figlio? Sta in questo: egli smarrisce il valore del padre, non capisce più la bellezza di essere figlio e non apprezza più la gioia di stare con il padre; tutto gli pesa, perché il suo cuore è diventato cattivo. Questa è la tragica verità: il figlio più giovane rifiuta il padre e ne rimuove la memoria e, nel suo cuore, uccide il padre perché non vuole più saperne di lui. E usa i doni del padre (accade così in ogni peccato: con i doni di Dio offendiamo Dio!) per distruggere la propria vita: il peccato, infatti, fa male e contiene dentro di sé la punizione. Gesù sottolinea questa verità dicendo che l'alternativa alla casa del padre… è il porcile! Il castello fatato crolla velocemente: «Quando ebbe speso tutto, in quel paese venne una grande carestia ed egli cominciò a trovarsi nel bisogno. Allora andò e si mise a servizio di uno degli abitanti di quella regione, che lo mandò nei campi a pascolare i porci».

Immaginiamo l'orrore e il disgusto degli ascoltatori, che consideravano i porci come gli animali più immondi e ripugnanti. Gesù, con questo dettaglio narrativo, riprende tutto l'insegnamento dei profeti riguardo al carattere autopunitivo del peccato. Isaia, infatti, aveva detto: «Poiché voi rifiutate questo avvertimento e confidate nella perversità e nella perfidia ponendole a vostro sostegno, ebbene questa colpa diventerà per voi come una breccia che minaccia rovina» (Is 30,12); e, reagendo alla diffidenza del popolo che rimprovera Dio perché si sente da Lui abbandonato, il profeta risponde: «Dice il Signore: "Dove è il documento di ripudio di vostra madre, con cui l'ho scacciata? Oppure a quale dei miei creditori io vi ho venduti? Ecco, per le vostre iniquità siete stati venduti, per le vostre scelleratezze è stata scacciata vostra madre"» (Is 50,1); e altrove esclama: «Siamo tutti diventati come cosa impura e come panno immondo sono tutti i nostri atti di giustizia: tutti siamo avvizziti come foglie, le nostre iniquità ci hanno portato via come il vento» (Is 64,5). Geremia, dal canto suo, riprende con vigore lo stesso insegnamento sul carattere autopunitivo del peccato e scrive: «Così dice il Signore: quale ingiustizia trovarono in me i vostri padri, per allontanarsi da me? Essi seguirono ciò che è vano e diventarono essi stessi vanità» (Ger 2,5). Il peccato ha dentro di sé il pungiglione che ferisce: «Seguirono ciò che è vano e divennero essi stessi vanità».

Gesù, con un'immagine folgorante, richiama la stessa verità: «Lo mandò a pascolare i porci»!

Ormai il figlio è precipitato nel baratro, ha esaurito la stagione dell'illusione, ha aperto gli occhi sull'amarezza della condizione che lui ha voluto. Ma capisce che, lontano dal padre, si sta male: «Rientrò in se stesso e disse: "Quanti salariati in casa di mio padre hanno pane in abbondanza e io qui muoio di fame"».

Che cosa farà questo figlio? Con quale coraggio si presenterà alla porta della casa di suo padre, che egli ha chiuso con un calcio di disprezzo e con un sospiro di libertà... illusoria?

Giustamente dice: «Mi alzerò e andrò da mio padre e gli dirò: Padre, ho peccato contro il Cielo e contro di te; non sono più degno di essere chiamato tuo figlio. Trattami come uno dei tuoi garzoni». Il figlio si rende conto dell'assurdità del suo gesto e non osa nemmeno pensare di poter riavere la dignità della condizione di figlio nella casa di suo padre: egli, infatti, ha sputato su questa dignità!

Gesù si limita a dire: «Partì e si incamminò verso suo padre». A questo punto, forse, Gesù fece un lungo silenzio e lasciò che la fantasia degli ascoltatori immaginasse la scena del ritorno e dell'incontro con il padre. Qualcuno avrà pensato: «Gliele avrà date di santa ragione e poi l'avrà mandato a lavorare nei campi»; qualcun altro avrà osservato: «No! il padre rimase duro e fece aspettare il figlio fuori di casa per qualche giorno. Non aveva scelto lui di andarsene? Che pretendeva ora?».

L'imprevedibile padre!

Ma Gesù riprende il racconto e, guardando negli occhi gli ascoltatori di tutti i tempi, dipinge una scena per noi inimmaginabile: «Quando era ancora lontano il padre lo vide»: allora lo stava aspettando con ansia e con struggente nostalgia!

Gesù continua: «e si commosse profondamente». Il verbo usato dall'evangelista è il verbo *splanknizo*, la cui etimologia richiama il grembo materno (*splankna*), le viscere dell'amore più forte e più tenace.

La scena va veramente al di là di ogni immaginazione umana: dopo il racconto della sfrontatezza del figlio, chi avrebbe mai immaginato di trovare un padre ancora capace di tenerezza e compassione?

Gesù prosegue: «Si commosse profondamente e, mentre stava correndo, cadde sul collo del figlio e lo baciò appassionatamente»: questa è la stupefacente traduzione letterale del testo greco!

Il figlio stesso si meraviglia e si affretta a dire: «Padre, ho peccato contro il Cielo e contro di te; non sono più degno di essere chiamato tuo figlio». Ed era vero! Drammaticamente vero!

Ma il padre non sente niente, perché è troppo grande la gioia del suo cuore: egli non ricorda l'affronto ricevuto, non rinfaccia la colpa commessa, non tiene il muso e non fa aspettare altezzosamente il perdono, ma senza indugio esclama: «Presto!». L'amore vero, infatti, ha sempre fretta, ha sempre paura di essere in ritardo, ha sempre il timore di bruciare anche un solo secondo di attesa.

«Presto! – dice il padre –. Portate qui il vestito più bello e rivestitelo, mettetegli l'anello al dito e i calzari ai piedi. Portate il vitello grasso [il padre non vuole una festicciola, ma una festa piena: il vitello grasso!], ammazzatelo, mangiamolo e facciamo festa, perché questo mio figlio [bello questo particolare: per il padre è sempre "mio figlio"!] era morto ed è tornato in vita, era perduto ed è stato ritrovato».

Sono le prime parole che il padre pronuncia nella parabola: sono parole di festa, sono parole di perdono, sono parole di consolazione. E, sia detto chiaramente, nell'armadio di questo padre (che è Dio!), per il figlio che ritorna c'è sempre pronto il corredo della festa: il vestito più bello, l'anello e i calzari! Che grande e bella notizia ci dà Gesù!

Il figlio maggiore

Ma ora bisogna fare i conti con il figlio maggiore, che sta per tornare dai campi e sta per ricevere la notizia del ritorno del fratello più piccolo. Egli, se è in comunione con il padre, dovrebbe far festa con lui: e invece «si arrabbiò e non voleva entrare». Perché?

Il peccato del fratello maggiore consiste nello *stare in casa con il padre senza condividere i sentimenti del padre*: egli condivide tutto (il tetto, il lavoro, la mensa), ma non condivide i sentimenti del cuore del padre!

È orribile questo fatto! Il figlio maggiore crede di stare a casa con il padre, ma in verità egli è lontano dal padre: è scappato con il cuore!

Una circostanza, ossia il ritorno del fratello, lo svela a se stesso: mette in luce i sentimenti che da tanto tempo egli aveva dentro di sé. Molte volte accade così anche a noi: non sappiamo che cosa c'è nel nostro cuore; sono le circostanze (un'umiliazione, una malattia, una prova, un'ingiustizia...) con la nostra reazione, che rivelano il nostro cuore.

E il padre? Egli resta incrollabilmente padre e vuole la salvezza anche di questo figlio. Ecco la sua reazione: il figlio non vuole entrare nella sala della festa del padre... e il padre esce a pregarlo!

Questo padre ha un solo argomento, ha una sola risorsa, una sola forza: la forza dell'amore. E questo padre è... Dio! Che mistero!

E, uscendo dalla sala, il padre si trova addosso la reazione sdegnata del figlio maggiore, che dà una lettura completamente distorta di tutta la sua esperienza (quando il cuore è cattivo... vede tutto e legge tutto con la lente della cattiveria); e il padre risponde con il linguaggio del puro amore: «Figlio [altro che...figlio! C'era da dirgli: mostro di ingratitudine!], tu sei sempre con me e quel che è mio è tuo».

Gesù mette sulla bocca del padre la parola *tecnon*, «bambino mio»! Gesù, in questo modo, dipinge un ritratto di Dio in cui l'Amore è il colore dominante, che dà vita ad ogni altro colore: il Padre è Amore, essenzialmente Amore, fedelmente Amore, inesauribilmente Amore.

E noi siamo chiamati a entrare nel Suo cuore per vivere la Sua stessa vita: «Padre giusto – prega Gesù nella cena delle grandi emozioni e delle grandi confidenze – il mondo non ti ha conosciuto, ma io ti ho conosciuto; questi sanno che tu mi hai mandato. Ed io ho fatto conoscere loro il tuo nome e lo farò conoscere ancora, perché l'Amore con il quale mi hai amato sia in essi ed io in loro» (Gv 17,25-26).

La vita cristiana approda a questo oceano: all'Amore stesso di Dio! Non c'è vita cristiana se non si crea un contatto tra la nostra povertà e la ricchezza infinita della carità di Dio.

Scrive il Santo Padre: «Tante cose, anche nel nuovo secolo, saranno necessarie per il cammino storico della Chiesa; ma se mancherà la carità (*agape*), tutto sarà inutile» (NMI, 42). Per questo motivo è necessario «fare della Chiesa la casa e la scuola della comunione: ecco la grande sfida che ci sta davanti nel millennio che inizia, se vogliamo essere fedeli al disegno di Dio e rispondere anche alle attese profonde del mondo» (NMI, 43).

Nella vita di Madre Teresa di Calcutta c'è un episodio incantevole, che commenta mirabilmente la parabola del «padre misericordioso». Una volta venne portata nella Casa del Cuore Immacolato, a Calcutta, una donna in condizioni ripugnanti: il suo corpo era pieno di piaghe e un piede, ormai senza sensibilità a motivo della lebbra, era stato rosicchiato dai topi di fogna.

La donna rifiutava ogni consolazione e ogni espressione di affetto. Madre Teresa, però, continuava ad accudirla con tenerezza instancabile. Alla fine la donna esclamò: «Suora, tu sei diversa da tutte le persone che ho incontrato. Perché fai così?». E la Madre: «Lo faccio per amore». La donna rimase come folgorata da questa logica per lei sconosciuta e chiese con ansia: «E chi te l'ha insegnato?». Madre Teresa allora aprì il suo cuore e, svelando il segreto della sua vita, concluse: «Me l'ha insegnato il mio Dio».

La donna allora disse: «Fammi conoscere il tuo Dio!».

Anche noi dobbiamo provocare in chi ci avvicina la stessa richiesta: soltanto così possiamo chiamarci ed essere figli del Padre!

14

ANDIAMO A BETLEMME!

Francesco insegnava che l'amore e l'osservanza fedele e piena della povertà e dell'umiltà di Cristo è il fondamento, la sostanza e la radice della vita evangelica. Se si sottrae alla religione il fondamento della povertà, si sprofonda vilmente e miseramente.
ANGELO CLARENO

Il Natale: una lezione ancora da imparare

Meravigliose sono le parabole con le quali Gesù racconta il mistero del Padre, ma la vera parabola è Gesù: è con la Sua vita che Gesù ci ha raccontato Dio.

Gesù, infatti, è la più grande teofania («manifestazione di Dio»), è il vero roveto ardente che brucia davanti agli occhi degli uomini. Facciamoci, allora, pellegrini dentro la vita di Gesù per ritrovare lo *stupore della fede* davanti al volto di Dio, che in Lui si manifesta.

E partiamo dall'alba dell'incarnazione per sostare poi davanti al meriggio della Pasqua, in modo da arrivare a far nostre le parole con cui Tommaso da Celano sintetizza la vita di san Francesco: «Meditava continuamente le parole del Signore e non perdeva mai di vista le sue opere. Ma, soprattutto, l'umiltà dell'incarnazione e la carità della passione aveva impresse così profondamente nella sua memoria, che difficilmente gli riusciva di pensare ad altro» (*Fonti Francescane*, 467). Potesse applicarsi anche a noi questa fotografia del Poverello!

Dobbiamo lealmente riconoscere che il Natale di Gesù è uno dei misteri cristiani a maggior rischio di incomprensione: il Natale, infatti, viene oggi celebrato in una società secolarizzata, che ha inventato l'anti-Natale consumistico e godereccio: e spesso i cristiani non se ne accorgono!

Se ne accorse Curzio Malaparte, uno scrittore che molto spesso usava la penna per graffiare. Egli venne battezzato l'8 giugno 1957 e il 19 luglio morì stringendo tra le mani il crocifisso. Malaparte è morto così, riconciliato con la fede, riconciliato con Cristo. Ma sudò tanto. Nel 1954, tre anni prima di morire, scrisse una pagina violentissima sul Natale. Io ve la propongo, perché vale la pena di leggerla, anche se è una pagina che sprizza nervosismo, inquietudine e risentimento; però ci fa capire quanto sia difficile vivere cristianamente e capire cristianamente il Natale nell'attuale società.

Scrive Curzio Malaparte: «Tra pochi giorni è Natale e già gli uomini si preparano alla suprema ipocrisia. Perché nessuno di noi ha il coraggio di dirsi che il secolo, il mondo non è mai stato così poco cristiano come in questi anni? Perché nessuno di noi osa riconoscere che la magniloquenza degli uomini politici, la grande parata dei sentimenti evangelici, le processioni dei falsi devoti servono soltanto a nascondere questa terribile verità: che gli uomini non sono più cristiani, che Cristo è morto nell'anima dei suoi figli, che l'ipocrisia è discesa dalla politica fin nella vita sociale, familiare e individuale? Non ci importa nulla di chi soffre; non facciamo nulla per impedire la sofferenza, la miseria, il male, il delitto, la violenza, la strage; stiamo cheti e zitti e festeggiamo il Santo Natale». E aggiunge: «Vorrei che il giorno di Natale il panettone diventasse carne dolente sotto il nostro coltello e il vino diventasse sangue e avessimo tutti per un istante l'orrore del mondo in bocca. Vorrei che il giorno di Natale i nostri bambini ci apparissero all'improvviso come saranno domani, fra alcuni anni, se non oseremo ribellarci contro il male che ci minaccia. Poveri corpi straziati, abbandonati nel fango rosso di un campo di battaglia. Vorrei che la notte di Natale in tutte le chiese del mondo un povero prete si levasse gridando: via da questa culla, ipocriti, bugiardi, andate a casa vostra a piangere sulle culle dei vostri figli. Se il mondo soffre è anche per colpa vostra, che non osate difendere la giustizia e la bontà e avete paura di essere cristiani fino in fondo. Via da questa culla, ipocriti. Questo bambino, che è nato per salvare il mondo, ha orrore di voi».

Sono parole drammatiche, ma ve le ho volute proporre per dirvi quanto è facile illudersi di sapere che cos'è il Natale.

Alla scuola di san Francesco

I santi (che hanno l'occhio penetrante!) hanno tutti amato intensamente il Natale e da lì sono partiti per entrare nella contemplazione del volto di Dio e nella conversione della loro vita al mistero della vita di Dio.

Iniziamo da Francesco d'Assisi e dall'episodio del Natale di Greccio (siamo nel 1223, un anno prima del dono delle stimmate): in questo incantevole episodio c'è un fortissimo richiamo al senso vero del Natale cristiano e al messaggio che ne deriva per noi.

Riferisce Tommaso da Celano: «A questo proposito è degno di perenne memoria e di devota celebrazione quello che il santo realizzò tre anni prima della sua gloriosa morte, a Greccio, il giorno del Natale del Signore nostro Gesù Cristo. C'era in quella contrada un uomo di nome Giovanni, di buona fama e di vita anche migliore, ed era molto caro al beato Francesco perché, pur essendo nobile e molto onorato nella sua regione, stimava più la nobiltà dello spirito che quella della carne. Circa due settimane prima della festa della Natività, il beato Francesco, come spesso faceva, lo chiamò a sé e gli disse: "Se vuoi che celebriamo a Greccio il Natale di Gesù, precedimi e prepara quanto ti dico: vorrei rappresentare il Bambino nato a Betlemme, e in qualche modo vedere con gli occhi del corpo i disagi in cui si è trovato per la mancanza delle cose necessarie a un neonato, come fu adagiato in una greppia e come giaceva sul fieno tra il bue e l'asinello". Appena l'ebbe ascoltato, il fedele e pio amico se ne andò sollecito ad approntare nel luogo designato tutto l'occorrente, secondo il disegno esposto dal Santo» (FF 468).

Da notare un particolare: quando Francesco chiede di preparare tutto per il Natale, in verità chiede di togliere tutto e di far emergere la povertà del Natale del Signore.

Continua Tommaso da Celano: «E giunge il giorno della perfetta letizia, il tempo dell'esultanza! Per l'occasione sono qui convocati molti frati da varie parti; uomini e donne arrivano festanti dai casolari della regione, portando, ciascuno secondo le sue possibilità, ceri e fiaccole per illuminare quella notte, nella quale s'accese splendida nel cielo la stella che illumina tutti i giorni e tutti i tempi. Arriva alla fine Francesco, vede che tutto è predisposto secondo il suo desiderio, ed è raggiante di letizia. Ora si accomoda la greppia, vi si pone il fieno e si introducono il bue e l'asinello. In quella scena commovente risplende la semplicità evangelica, si loda la povertà e si raccomanda l'umiltà. Greccio è divenuto come una nuova Betlemme» (FF 469).

Francesco rivive il Natale di Gesù immergendosi nella semplicità evangelica e nella povertà e nell'umiltà di Betlemme: questo è il Natale cristiano.

Osserva Tommaso da Celano: «Il santo è lì estatico di fronte al presepio, pieno di sospiri, lo spirito vibrante di compunzione e di gaudio ineffabile. Poi il sacerdote celebra solennemente l'Eucaristia sul presepio e lui stesso assapora una consolazione mai gustata prima. Francesco si è rivestito dei paramenti diaconali, perché era diacono, e canta con voce sonora il santo Vangelo: quella voce forte e dolce, limpida e vibrante rapisce tutti in desideri di cielo. Poi parla al popolo e con parole dolcissime rievoca il neonato Re povero e la piccola città di Betlemme. Spesso, quando voleva nominare Cristo Gesù, infervorato di amore celeste lo chiamava "il Bambino di Betlemme", e quel nome "Betlemme" lo pronunciava riempiendosi la bocca di voce e ancor più di tenero affetto, producendo un suono come belato di pecora. E ogni volta che diceva "Bambino di Betlemme" o "Gesù", passava la lingua sulle labbra, quasi a gustare e trattenere tutta la dolcezza di quelle parole» (FF 470).

E il Natale evangelicamente vissuto da Francesco produce in tutti i presenti un'esperienza straordinaria, che si traduce in un'autentica conversione dei cuori attraverso un incontro con Gesù mite, umile e povero.

Conclude Tommaso da Celano: «Vi si manifestano con abbondanza i doni dell'Onnipotente, e uno dei presenti, uomo virtuoso, ha una mirabile visione. Gli sembrava che un bambino giacesse privo di vita nella mangiatoia, e Francesco gli si avvicinasse e lo destasse da quella specie di sonno profondo. Né la visione prodigiosa discordava dai fatti, poiché il fanciullo Gesù, che era stato dimenticato nel cuore di molti, per grazia di lui, veniva risuscitato attraverso il servo suo, san Francesco, e il ricordo di lui rimaneva impresso profondamente nella loro memoria. Terminata quella veglia solenne, ciascuno tornò a casa sua pieno di ineffabile gioia» (FF 470).

È la stessa esperienza che provarono i pastori nel Natale a Betlemme, che è il Natale unico e normativo: è l'esperienza che dovremmo rivivere anche noi in ogni Natale.

Il Natale dei santi

Teresa di Lisieux racconta nel suo *Manoscritto A* che un Natale coincise con il momento della sua conversione: era il Natale del 1886, l'anno prima del suo pellegrinaggio a Loreto e a Roma. Cosa accadde in quel Natale? Racconta Teresa: «Bisognò che il buon Dio facesse un piccolo miracolo per farmi crescere in un momento, e questo miracolo lo compì nel giorno indimenticabile di Natale; in quella notte luminosa che rischiara le delizie della Trinità Santa, Gesù, il Bambino piccolo e dolce di un'ora, trasformò la notte dell'anima mia in torrente di luce... In quella notte nella quale egli si fece debole e sofferente per amore mio, mi rese forte e coraggiosa, mi rivestì delle sue armi, e da quella notte benedetta in poi, non fui vinta in alcuna battaglia, anzi, camminai di vittoria in vittoria, e cominciai, per così dire, una "corsa da gigante"».

È paradossale questo linguaggio di Teresa di Lisieux. Ma cosa accadde in quel Natale? Lo racconta lei stessa. Uscendo dalla messa di mezzanotte, ritornarono a casa; Teresa era l'ultima figlia, vezzeggiata da tutti, in particolare dal padre; ma il padre era stanco quella notte; arrivato a casa non aveva voglia di assistere alla gioia semplice e spontanea della bambina, che apriva i vari pacchetti dei regali. L'anziano papà Martin uscì in questa esclamazione: «Meno male che è l'ultimo anno». Teresa si sentì ferita e stava per piangere. A distanza di anni così Teresa racconta il fatto: «Io salivo in quel momento la scala per togliermi il cappello. Celina, conoscendo la mia sensibilità, e vedendo le lacrime nei miei occhi, ebbe voglia di piangere anche lei, perché mi amava molto, e capiva il mio dispiacere. "Oh Teresa! – disse – non discendere, ti farebbe troppa pena guardare subito nelle tue scarpe". Ma Teresa non era più la stessa, Gesù le aveva cambiato il cuore! Reprimendo le lacrime, discesi rapidamente la scala, e comprimendo i battiti del cuore presi le scarpe, le posai dinanzi a papà, e tirai fuori gioiosamente tutti gli oggetti, con l'aria beata di una regina. Papà rideva, era ridiventato gaio anche lui, e Celina credeva di sognare! Fortunatamente era una dolce realtà: la piccola Teresa aveva ritrovato la forza d'animo che aveva perduta a quattro anni e mezzo, e da ora in poi l'avrebbe conservata per sempre! In quella notte di luce cominciò il terzo periodo della mia vita, più bello degli altri, più colmo di grazie del Cielo». Che cosa era accaduto? Teresa era uscita dalla piccola prigione del suo egoismo, si era fatta umile e aveva avuto la felice sorpresa di sentire l'esperienza del Natale. E tutto cambiò nella sua vita: «Sentii che la carità mi entrava nel cuore, col bisogno di dimenticare me stessa per far piacere agli altri, e da allora fui felice!».

Questa è l'esperienza del Natale: esperienza di umiltà, che diventa accoglienza dell'amore, e di conseguenza, inondazione di gioia.

Charles de Foucauld, un grande testimone di Dio, è morto il 1° dicembre 1916 assassinato nel deserto del Sahara, nella più totale umiliazione. Eppure egli è un gigante. Charles de Foucauld nel deserto pregava così: «Signore, voglio avvicinarmi a te, ma per quanto mi faccia ultimo, io sarò sempre penultimo perché tu ti sei messo all'ultimo posto. La tua vita è stata sempre un discendere, discendere, discendere, perché tu sei amore e l'amore vuol donare, l'amore è umile, l'amore è povero». Ed è vissuto così; e la sua vita è stata un canto all'umiltà di Betlemme e alla semplicità di Nazaret.

Il 25 gennaio 1908 così annotava nel rovescio di una busta riciclata: «I mezzi di cui Egli si è servito nel Presepio, a Nazaret, sulla Croce, sono: Povertà, Abiezione, Umiliazione, Abbandono, Persecuzione, Sofferenza, Croce. Ecco le nostre armi, quelle del nostro Divino Sposo, il quale ci chiede di lasciargli continuare in noi la Sua vita, Lui l'unico Amore, l'unico Sposo, l'unico Salvatore e anche l'unica Sapienza e l'unica Verità. Noi non troveremo niente di meglio di quel che Egli ha trovato ed Egli non è un sorpassato... Seguiamo questo "unico modello"; così siamo sicuri di essere nel giusto, perché non siamo più noi che viviamo, ma è Lui che vive in noi; i nostri atti non sono più i nostri umani e miserabili atti, ma i Suoi, divinamente efficaci». E nel 1909, di ritorno da un viaggio in Francia, fermò questi pensieri: «Il mio deve essere l'apostolato della bontà. Vedendomi, devono dire: "Dato che quest'uomo è buono, la sua religione deve essere buona". Se mi si domanda perché sono buono e paziente, devo dire "perché sono il servo di uno che è molto più buono di me. Se sapeste quanto è buono il mio Padrone Gesù!". Vorrei essere buono abbastanza perché si dica: "Se il servo è così, come sarà allora il padrone?"».

Questa meravigliosa spiritualità è nata dalla costante frequentazione del mistero di Betlemme.

Il 21 ottobre del 1992 moriva un giovane monaco nella comunità di Monteveglio, presso Bologna. Nessuno forse ricorderà quel fatto, ma i giornali si divertirono a titolare così la notizia: *Un monaco è morto di aids*, ed è morto di aids veramente. Ma qual era la sua storia? Quel giovane era nato nel 1948, a Modena; a vent'anni, nel 1968, aveva lasciato la casa e aveva iniziato l'avventura che, per tanti giovani in quegli anni, fu avventura drammatica; approdò alla droga e alle mode orientali, corse da una parte all'altra del mondo, finì in carcere. Uscì dal carcere, ricadde nella droga. Nel 1986 arriva la sentenza: sei sieropositivo, sei all'ultimo stadio! La disperazione! Questo giovane era ateo e confidò: «Volevo pregare, ma chi potevo pregare? Io non credevo in nessuno, a chi potevo raccontare la mia pena? A chi potevo confidare la mia disperazione?». Gli si avvicinò un monaco, don Umberto Neri. Il giovane gli disse: «Io sono disperato»; e il monaco: «Vieni con noi se vuoi, siamo poveri, ma c'è spazio per un altro povero». Quel giovane disse: «Vengo».

È andato nella comunità; nessuno gli ha chiesto: ma da dove vieni? Cosa hai fatto? Perché sei malato? Perché ti sei ridotto così? La comunità si è presentata pregando. A un certo punto, dopo alcuni mesi di attenta osservazione, questo giovane ha gridato davanti a tutti: «Ho capito, Gesù è Dio, perché soltanto se Gesù è Dio si spiega la vostra vita: voi siete poveri e siete felici, voi siete umili e siete felici, voi siete poveri e umili e mi avete accolto con grande amore». E si è convertito. È vissuto per sei anni in quella comunità. Nel 1992 è morto, e poco prima di morire ha confidato: «Nella Chiesa c'è tanto peccato; prima io lo vedevo da lontano, ora lo vedo da vicino, però nella Chiesa Dio c'è, la Chiesa è la culla di Dio e io voglio stare in questa Chiesa». Sul letto di morte ha fatto la professione di monaco ed è morto dopo pochi minuti; monaco per pochi minuti! È il miracolo della povertà vissuta, dell'umiltà vissuta secondo lo stile di Betlemme:

l'umiltà e la povertà hanno portato a Dio questo giovane.

Anche noi dobbiamo essere una culla di Dio, anche le nostre comunità devono essere una culla di Dio; anche noi dobbiamo diventare una piccola Betlemme di povertà ed umiltà, affinché Dio venga e nasca.

Don Primo Mazzolari, in uno degli ultimi Natali della sua vita, pregava così: «Signore, toglimi dall'anima la paura di Te. Toglimi dall'anima la paura della verità. Toglimi dall'anima la paura della povertà. Toglimi dall'anima la paura dell'umiltà. E quando mi avrai tolto questa paura, io mi accorgerò che il Paradiso comincia quaggiù, perché quando si incontra Te, o Signore, comincia il Paradiso».

Facciamo nostra questa preghiera: subito!

15

COS'È ALLORA IL NATALE? QUALE MESSAGGIO NASCONDE? QUALE VOLTO DI DIO CI RIVELA?

Pensa dunque! Il Verbo si è fatto carne e gli storici di quel tempo non ne hanno saputo nulla. Oh, la semplicità di Dio, la spaventosa semplicità di Dio!

GEORGES BERNANOS

Il racconto dell'evangelista

Il racconto dell'evangelista Luca dobbiamo prenderlo sul serio alla luce della premessa, che egli colloca all'inizio del racconto evangelico: «Poiché molti han posto mano a stendere un racconto degli avvenimenti successi tra di noi, come ce li hanno trasmessi coloro che ne furono testimoni fin da principio e divennero ministri della parola, così ho deciso anch'io di fare ricerche accurate su ogni circostanza fin dagli inizi e di scriverne per te un resoconto ordinato, illustre Teòfilo, perché ti possa rendere conto della solidità degli insegnamenti che hai ricevuto» (Lc 1,1-4).

Mai dobbiamo dimenticare la forza della premessa: l'evangelista intende raccontare ciò che è successo; e lo fa seguendo ciò che ci hanno trasmetto coloro che ne furono testimoni. Viene spontanea una domanda: chi fu testimone del Natale? Maria! È lei all'origine del racconto di Betlemme e a Lei, in ultima istanza, fa riferimento tutta l'impostazione del racconto. Ricordiamo questo particolare per sentire... la voce della Madre, che racconta ai figli ciò che Ella ha visto e vissuto.

Luca sembra dipingere un quadro. C'è, prima di tutto, uno *sfondo lontano*: è l'ordine dell'imperatore Cesare Augusto che determina una particolare situazione: «Anche Giuseppe, che era della casa e della famiglia di Davide, dalla città di Nazaret e dalla Galilea salì in Giudea alla città di Davide, chiamata Betlemme, per farsi registrare insieme con Maria sua sposa, che era incinta» (Lc 2,4-5).

Il particolare decisivo di «Maria sua sposa, che era incinta» è riferito dall'evangelista quasi sottovoce, come un particolare appena percettibile.

Perché Dio entra così nella storia? Qual è il potere di questo Dio? Maria certamente avrà ripassato il *Magnificat* per leggere l'evento nella luce di Dio e avrà ripetuto a se stessa: «Dio ha posato lo sguardo sulla piccolezza della sua serva».

Anche noi costantemente dobbiamo raccogliere la salutare provocazione, che ci viene dallo stile con cui Dio entra nella nostra storia nel momento della pienezza del tempo: lo stile di Dio è inconfondibile!

Nel racconto di Luca c'è poi un *secondo piano*, che emerge dallo sfondo generale: «Mentre si trovavano in quel luogo si compirono per Maria i giorni del parto e diede alla luce il suo figlio primogenito» (Lc 2,6-7). Perché i giorni si compirono proprio mentre Maria era lontana dalla sua casa e dall'affetto dei suoi parenti? Cosa le garantisce, allora, questo Dio che sta per nascere dal suo grembo verginale? Che cosa «conta» davanti a Lui? Perché la nascita arriva in quelle disagevoli condizioni?

Infine ecco il *primo piano*: «Lo avvolse in fasce – particolare incantevole: quelle fasce erano poveri stracci profumati d'amore, che Maria aveva portato da Nazaret – e lo depose in una mangiatoia, perché non c'era posto per loro nell'albergo» (Lc 2,7). Lo depose *en fatne* («greppia, mangiatoia»). Perché? Possibile che una mangiatoia destinata alle bestie sia il primo tabernacolo per il Figlio di Dio-fatto-uomo?

Proviamo fremiti di emozione e di confusione davanti a queste parole precise dell'evangelista: «non c'era posto per loro». Vorrei far notare che, nel racconto di san Luca, c'è una attenzione ai particolari che è tipicamente femminile! Riemerge il racconto della protagonista, la Madre, che tutto custodiva nel suo cuore; e lo custodiva per raccontarcelo.

Il messaggio che emerge dal racconto

Il racconto dell'apparizione dell'angelo raccoglie i nostri interrogativi e ci consegna la chiave di lettura in profondità del mistero del Natale.

Dice l'angelo ai pastori: «Non temete, ecco vi annunzio una grande gioia che sarà di tutto il popolo: oggi vi è nato nella città di Davide un salvatore, che è il Cristo Signore – e, quindi, l'unico Salvatore –. Questo per voi il segno: troverete un bambino avvolto in fasce che giace in una mangiatoia» (Lc 2,10-12).

Dov'è il segno? È la povertà e l'umiltà della mangiatoia: non c'è dubbio! Perché?

Ci aiutano due richiami evangelici, che sono commento autorevole nei confronti della scena del Natale.

Gesù un giorno dirà: «Imparate da me, che sono mite e umile di cuore» (Mt 11,28-29). I due aggettivi scelti da Gesù sono due divine perle, nelle quali si riflette il mistero di Dio: mite e umile… è Dio! Sono due aggettivi che portano il profumo della paglia di Betlemme.

In un'altra occasione Gesù dirà: «Le volpi hanno le loro tane e gli uccelli hanno i loro nidi, ma il Figlio dell'uomo non ha dove posare il capo» (Lc 9,57-58). Riecheggia la scena del Natale!

Il volto di Dio nel mistero di Betlemme

Quale *volto di Dio* ci svela Gesù attraverso la povertà di Betlemme? Noi sappiamo che il punto più alto di sintesi, nella mirabile sinfonia della rivelazione, ce lo offre l'evangelista Giovanni quando, per due volte, nella sua prima Lettera dice: *Dio è amore* (1Gv 4,8.16).

Proviamo a partire da questa vetta e, con nostro grande stupore, ci accorgiamo che la povertà di Betlemme fa parte del mistero di Dio-Amore. Ecco alcuni passaggi evangelicamente logici:

> Dio è Amore infinito: è affermato dalla Scrittura.
> Ma l'Amore è dono: anche questo è affermato dalla Scrittura.
> Allora Dio è dono infinito!

Il mistero di Dio, infatti, è un infinito non-possedersi: il Padre si dona al Figlio e il Figlio si dona al Padre nell'abbraccio eterno dello Spirito, che è la Persona-dono. In Dio esiste una sola azione: l'azione del donare!

> Ma chi dona, non possiede:
> proprio perché dona!
> E chi non possiede, è povero:
> infatti chi dona tutto,
> non ha nulla!
> Allora Dio che è Dono infinito di sé
> è anche l'infinitamente povero.

Il Natale è manifestazione di questo divino mistero, che avrà il suo meriggio sulla croce: nel dono totale di sé, nel dono fino al segno estremo.

La testimonianza dei santi

Francesco d'Assisi è un uomo folgorato dalla scoperta della povertà di Cristo. Egli nella *Regola bollata* (1223) così scrisse: «I frati non si approprino di nulla, né casa, né luogo, né alcuna altra cosa. E come pellegrini e forestieri in questo mondo, servendo il Signore in povertà e umiltà, vadano per l'elemosina con fiducia. Né devono vergognarsi, perché il Signore si è fatto povero per noi in questo mondo» (FF, 90). Ecco la ragione della scelta della povertà da parte di Francesco: «perché il Signore si è fatto povero per noi in questo mondo».

Nell'ultima volontà espressa a sorella Chiara, Francesco afferma: «Io, frate Francesco piccolo, voglio seguire la vita e la povertà dell'altissimo Signore nostro Gesù Cristo e della sua santissima Madre e perseverare in essa sino alla fine» (FF, 140). Ritorna lucidamente la motivazione della scelta della povertà: perché l'ha scelta Gesù e l'ha fatta sua anche Maria!

E san Bonaventura, nella *Legenda Maior*, acutamente ha osservato: «Tra gli altri doni e carismi che il generoso Datore concesse a Francesco, vi fu un privilegio singolare: quello di crescere nella ricchezza della semplicità attraverso l'amore per l'altissima povertà.

Il Santo, notando come la povertà, che era stata intima amica del Figlio di Dio, ormai veniva ripudiata da quasi tutto il mondo, volle farla sua sposa, amandola di eterno amore, e per lei non soltanto lasciò il padre e la madre ma generosamente distribuì tutto quanto poteva avere.

Nessuno fu così avido d'oro, quanto Francesco della povertà; nessuno fu più bramoso di tesori, quanto Francesco fu bramoso di questa perla evangelica.

Niente offendeva il suo occhio più di questo: vedere nei frati qualche cosa che non fosse del tutto in armonia con la povertà.

Spesso richiamava alla mente, piangendo, la povertà di Gesù Cristo e della Madre sua, e affermava che questa è la regina delle virtù, perché la si vede brillare così fulgidamente, più di tutte le altre, nel Re dei re e nella Regina sua Madre» (FF, 1117). È una testimonianza che parla e interpella ciascuno di noi: quanto profumiamo di Betlemme? Cioè: quanto rivive in noi la scelta di Gesù, nato nella povertà di Betlemme?

Se poi ci mettiamo a scavare nella vita dei santi, noi ci accorgiamo che tutti, in un modo o in un altro, hanno amato la povertà e l'hanno sentita come condizione ineludibile per amare Gesù con tutto il cuore e per testimoniare che Egli è la nostra vera ricchezza.

L'abbé Antoine Chevrier, fondatore dell'istituto del Prado, ebbe una svolta decisiva nella sua vita di sacerdote quando, in una notte di Natale, aprì gli occhi sul mistero di Betlemme e capì che la povertà è una grande lezione che Dio ha dato agli uomini. Nella celebre opera *Il vero discepolo di Cristo* egli scrisse: «La ricchezza, in un religioso o in un sacerdote, è lo scandalo dei popoli, la rovina delle anime, una sorgente di tentazioni per loro stessi, e il maggiore ostacolo alla salvezza propria e a quella degli altri. Bisogna dare se stessi in spettacolo al mondo vivendo poveramente, vivendo su una croce, lasciandosi mangiare tutti i giorni, come Gesù: allora si convertirà il mondo».

Santa Teresa di Lisieux, dottore della Chiesa, ha scritto una meravigliosa preghiera a Maria, intitolata *Perché ti amo, o Maria*. Dice: «A Betlemme, o Giuseppe, o Maria, io vi vedo respinti da tutti; non c'è chi voglia ospitare nella sua locanda dei poveri forestieri... c'è posto solo per i grandi; e la Regina del cielo deve partorire Dio in una stalla. Madre del Salvatore, quanto sei cara! E come ti vedo grande nella povertà del luogo!

Quando vedo l'Eterno avvolto nelle fasce, e quando sento il debole grido del Verbo divino... Maria, credi che invidi gli angeli? Il loro adorabil Signore è il mio fratello dilettissimo. Come ti benedico, tu che su queste rive hai fatto sbocciare un tal fiore divino! E come t'amo, mentre ascolti i pastori e i Re Magi e custodisci in cuor tuo tutte queste cose.

Anche in terra d'Egitto, e nella povertà, sembra a me, o Maria, che il tuo cuore resti pieno di letizia: Gesù è con te, e quale patria è più bella di lui? Che ti importa dell'esilio? Possiedi i cieli!

Vergine piena di grazia, io so bene che a Nazaret vivesti poveramente, senza chiedere nulla di più: né estasi, né miracoli, né rapimenti abbellirono la tua vita, o Regina degli eletti. I poveri, gli umili, son tanti su questa terra; essi possono, senza timore, alzare gli occhi a te. Tu sei l'incomparabile Madre che va con loro per la strada comune, per guidarli al cielo». E, scrivendo a Celina, Teresa la rassicura dicendole: «Più sarai povera e più Gesù ti amerà» (Lettera 182).

E Madre Teresa di Calcutta soleva raccomandare alle sue suore: «Non abbandonate la povertà, altrimenti Gesù abbandonerà voi. Finché resterete povere, amerete Gesù e farete la carità».

Questo è il «sentire» dei santi, i quali hanno tutti preso domicilio a Betlemme. E noi? Qual è il domicilio del nostro cuore?

Preghiamo commossi davanti alla povertà di Betlemme

O Signore,
mentre il tempo logora tutte le speranze
Tu rimani l'unica speranza!
Mentre si consumano i secoli e anche i millenni,
Tu resti perennemente giovane.
Mentre le ricchezze svelano sempre di più
il volto fragile e deludente,
Tu stupisci ancora e attiri
con la sola, con la pura, con la totale
povertà di Betlemme.

Tu, povero di Betlemme,
sei la risposta che noi non sentiamo;
Tu, povero di Betlemme,
sei la ricchezza che noi non capiamo;
Tu, povero di Betlemme,
sei la pace che drammaticamente ci manca.

Signore, nato a Betlemme,
la città della nostra povertà
e della nostra piccolezza,
noi ci accostiamo a Maria

per guardarti con il Suo sguardo
e amarti con il Suo cuore
ed essere finalmente felici con te,
povero di Betlemme,
unico capace di farci sorridere ancora!
Amen!

16

«È GIUNTA L'ORA» (GV 12,24). CHE COS'È L'ORA DI GESÙ?

Capisco sempre di più che il cristianesimo è di troppa felicità per noi uomini. Perché certamente è una degnazione infinita che Dio si prenda cura di un passero; ma l'essere Egli nato e aver voluto morire per i peccatori (e un peccatore è meno di un passero!): oh, questo è Amore infinito.

SØREN KIERKEGAARD

L'ora della massima manifestazione di Dio

Se è la vita di Gesù che parla di Dio e svela il mistero di Dio, la passione e la crocifissione e la morte sono il momento della massima manifestazione di Dio: mistero che noi non potevamo conoscere senza Gesù Cristo.

Ma qui viene una domanda formidabile: come è possibile che Dio si manifesti in un Crocifisso? La croce, per chi non crede, è uno scandalo. Israele Zolli, il grande rabbino di Roma che il 13 febbraio 1945 con il battesimo abbracciò il Crocifisso, prima della conversione, quando entrava nella casa di un amico cattolico, si faceva pensoso e diceva: «Ma quello è un condannato! Come potete adorare un condannato?».

E, prima di Israele Zolli, il mondo pagano di Roma espresse la stessa perplessità davanti al Crocifisso, che i cristiani pregavano e adoravano.

Ancora oggi a Roma è visibile la prima bestemmia scritta rivolta a Gesù crocifisso. Sul colle Palatino, dove un tempo sorgeva il palazzo degli imperatori, esiste ancora un edificio chiamato Pedagogium, che era una sala di ritrovo dei paggi imperiali. Ebbene, in una parete del Pedagogium c'è un graffito che rappresenta un Crocifisso e davanti c'è una persona inginocchiata che prega. Sotto la persona in ginocchio c'è scritto in greco: «Alexamenos adora il suo Dio!». Ma il Crocifisso, davanti al quale prega Alexamenos, tragicamente ha una testa d'asino: è una bestemmia scritta, una bestemmia dipinta per dire lo sdegno del mondo pagano davanti a un Dio che si rivela nel Crocifisso.

Del resto già san Paolo, nella Prima lettera ai Corinzi, aveva scritto: «Mentre i giudei chiedono i miracoli e i greci cercano la sapienza, noi predichiamo Cristo crocifisso, scandalo per i giudei e stoltezza per i pagani; ma per coloro che credono, per coloro che sono chiamati, sia giudei che greci, noi predichiamo Cristo potenza di Dio e sapienza di Dio, perché ciò che è stoltezza di Dio è più sapiente degli uomini e ciò che è debolezza di Dio è più forte degli uomini» (1Cor 1,22-25). Questa è la grande sfida cristiana: la sfida di Dio!

L'annuncio dell'ora

A Cana di Galilea, quasi incidentalmente, Gesù rivela l'esistenza di un'ora decisiva della Sua vita. La rivelazione avviene nei confronti della Madre: come è bello e delicato questo particolare, che rivela l'umanità profonda del cuore di Cristo e la grandezza innegabile del ruolo di Sua Madre!

Gesù, mentre sta accogliendo l'intercessione di Maria a favore degli sposi a corto di vino, si affretta a precisare: «Non è ancora giunta la mia ora» (Gv 2,4). Che cosa vuol dire? Gesù, con queste parole, dà una precisazione sul senso del miracolo che sta per compiere e dice a Maria: «Non lasciarti incantare da quello che sto per fare: il grande segno è un altro, la grande trasformazione dell'acqua in vino avverrà quando si compirà la mia ora! Lì sia sempre rivolto il tuo cuore».

Possiamo immaginare quanto il cuore di Maria sia stato docile a questa indicazione data dal Figlio divino! Facciamo altrettanto anche noi!

Gesù, intanto, comincia a parlare con i suoi apostoli della *Sua ora*. Nel capitolo 16 di Matteo è raccontato questo episodio significativo.

Un giorno Gesù disse agli apostoli: «La gente cosa dice di me?». E gli apostoli riferirono le opinioni del momento. Ma a un certo punto Gesù li guardò negli occhi e disse: «Voi chi dite che io sia?». Pietro si fece portavoce di tutti e disse: «Tu sei il Cristo, il Figlio del Dio vivente» (Mt 16,16).

Una splendida professione di fede, che suscitò questa risposta: «Beato te, Simone, figlio di Giovanni, poiché quanto hai detto non te l'ha rivelato né la carne né il sangue, ma il Padre mio che è nei cieli e io ti dico: tu sei pietra e su questa pietra edificherò la mia chiesa» (Mt 16,17-18).

Ma il Vangelo dice che, subito dopo, Gesù cominciò a parlare della sua passione. Perché? Gesù voleva dire a Pietro: «Pietro, è vero quello che tu hai detto, ma sta' attento: io sono il Figlio di Dio, ma la via di Dio non è quella che pensi tu; la potenza di Dio non è quella che immagini tu. Io vado a Gerusalemme e a Gerusalemme soffrirò».

Pietro entrò in crisi. Nella sua mente non era conciliabile il mistero di Dio con il mistero della sofferenza; nella sua mente non era compatibile il mistero di Dio con un'immagine di debolezza. Pietro entra in crisi e dice a Gesù: «No, non ti accadrà mai» (Mt 16,22).

E Gesù risponde a Pietro con parole di una severità impressionante: «Mettiti dietro a me, o Satana! Non pretendere di fare da maestro al Maestro: sii discepolo! Mettiti dietro! Perché tu non pensi secondo Dio, ma secondo gli uomini» (cfr. Mt 16,23).

Immaginate quanto dovette bruciare nel cuore di Pietro questa risposta di Gesù. Ma era necessaria! Per lui e per noi!

Sei giorni dopo, raccontano i Vangeli, Gesù prese Pietro, Giacomo e Giovanni e li portò su un monte e davanti a loro fece vedere la sua gloria: si trasfigurò. Dovette essere uno spettacolo così bello che Pietro, sempre spontaneo, sempre istintivo, disse: «Signore, fermiamoci qui, non torniamo a valle, facciamo tre tende: una per te, una per Mosè, una per Elia. Noi stiamo anche all'aperto, ma non torniamo a valle, fermiamoci qui!» (cfr. Mt 17,4).

Dall'alto si udì una voce: «Questi è il mio Figlio prediletto, ascoltatelo!». (Mt 17,5). Ma «ascoltatelo» nella Bibbia vuol dire *seguitelo, ubbidite, fidatevi di lui, andategli dietro*. E Gesù scese dal monte e quando arrivò a valle trovò gli altri apostoli che si lamentarono con Lui perché non erano riusciti a guarire un epilettico indemoniato. E Gesù disse loro: «Non ci siete riusciti per la pochezza della vostra fede» (Mt 17,20). E guarì l'uomo.

E il Vangelo continua. Mentre tutti erano meravigliati per le opere che egli compiva, Gesù disse: «Il Figlio dell'uomo sta per essere consegnato nelle mani degli uomini e lo uccideranno, ma il terzo giorno risorgerà» (Mt 17,22-23).

Gli apostoli neppure sentirono la parola «risorgerà», ma rimasero turbati dalle parole che annunciavano la sofferenza e non ebbero il coraggio di porre neppure una domanda. E il Vangelo racconta che, dopo poco, nacque tra loro una discussione e la discussione era questa: chi tra di loro fosse il più grande! Pensate quanto erano lontani dagli orizzonti di Dio. Pensate quanto erano distanti dal cuore di Cristo. Pensate quale sofferenza Gesù dovette provare sentendoli discutere di cose che davanti a Dio non hanno nessun valore: «Chi di loro era il più grande!» (Mt 18,1).

Intanto, per la terza volta, Gesù annuncia la sua passione. Ormai è vicino a Gerusalemme e Gesù dice: «Saliamo a Gerusalemme. A Gerusalemme mi aspetta la passione e poi la risurrezione» (Mt 20,17-19). Ma per gli apostoli è buio completo, non capiscono ancora, non vogliono capire. Addirittura accade che due apostoli, coinvolgendo il peso autorevole della mamma, chiedono a Gesù di riservare loro i primi posti nel suo regno: uno a destra e uno a sinistra. E, paradossalmente, tutti gli altri si risentono non per l'assurdità della domanda, ma perché erano stati scavalcati e prevenuti nel desiderio che tutti segretamente tenevano nel cuore. La risposta di Gesù è impressionante e la ragione che Egli porta è decisiva (perché la ragione è... il comportamento stesso di Dio): «Colui che vorrà diventare grande tra voi, si farà vostro servo, e colui che vorrà essere il primo tra voi, si farà vostro schiavo. Appunto come il Figlio dell'uomo [ecco la divina motivazione!], che non è venuto per essere servito, ma per servire e dare la sua vita in riscatto per la moltitudine» (Mt 20,26-28).

Gesù, subito dopo, entra in Gerico e trova un cieco. Guarisce il cieco per dire agli apostoli e anche a noi: «Fatevi guarire, aprite gli occhi, diventate umili, credete nel mistero di Dio che si rivela in me».

La lezione di Maria di Betania

Giunto a Gerusalemme accade un episodio straordinario. Gesù viene accolto dalla gente che trionfalmente lo porta in città e soprattutto i bambini, i semplici, gli umili lo salutano con un affetto straordinario. Per diversi giorni Gesù si muove tra Gerusalemme e Betania. Molto spesso, la sera, torna a Betania, nella casa di Lazzaro, Marta e Maria. E un giorno a Betania è ospite non di Lazzaro, ma di un'altra famiglia. Mentre è a mensa, entra Maria e prende un vasetto di olio profumato e lo versa sul capo di Gesù. La stanza si riempie di profumo. Gli apostoli reagiscono e soprattutto Giuda che dice: «Ma perché questo sperpero? Si poteva vendere, si poteva dare ai poveri!». Ma Giuda non lo diceva per amore dei poveri. Gesù allora difende la donna e dice: «Lasciatela fare! Dovunque sarà predicato il mio Vangelo nel mondo intero, sarà raccontato ciò che ha fatto questa donna in ricordo di lei» (Mc 14,9).

Perché Gesù loda questa donna? Che cosa ha fatto di straordinario? Maria di Betania, versando olio profumato sul capo di Cristo, ha detto il suo «sì» alla passione; con quel gesto Maria di Betania ha dichiarato: «Gesù, ormai ho capito: tu vai verso la passione; è un mistero per me, però credo, credo, Signore! E questo profumo è il mio atto di fede: Tu sei il Figlio di Dio, sì, anche nella passione».

Gesù fu felice per questo atto di fede e lodò Maria di Betania.

Un'altra donna con lo sguardo penetrante

Recentemente un'altra donna ha detto il suo «sì» davanti al mistero della passione: Benedetta Bianchi Porro, morta santamente il 23 gennaio 1964. Ella così ha scritto: «La croce è il senso di tutto». E, nell'estate del 1963, quando già era paralizzata e sorda e cieca, ha dettato alla mamma una commovente lettera per un giovane disperato, di nome Natalino. Dice così:

> Caro Natalino,
> in «Epoca» è stata riportata una tua lettera. Attraverso le mani, la mamma me l'ha letta. Sono sorda e cieca, perciò le cose, per me, diventano abbastanza difficoltose.
> Anch'io come te, ho ventisei anni, e sono inferma da tempo. Un morbo mi ha atrofizzata, quando stavo per coronare i miei lunghi anni di studio: ero laureanda in medicina a Milano. Accusavo da tempo una sordità che i medici stessi non credevano all'inizio. Ed io andavo avanti così non creduta e tuffata nei miei studi che amavo disperatamente. Avevo diciassette anni quando ero già iscritta all'università.
> Poi il male mi ha completamente arrestata quando avevo quasi terminato lo studio: ero all'ultimo esame! E la mia quasi laurea mi è servita solo per diagnosticare me stessa, perché ancora (fino allora) nessuno aveva capito di che si trattasse.
> Fino a tre mesi fa godevo ancora della vista; ora è notte. Però nel mio calvario non sono disperata. Io so che in fondo alla via Gesù mi aspetta.
> Prima nella poltrona, ora nel letto che è la mia dimora ho trovato una sapienza più grande di quella degli uomini. Ho tro-

vato che Dio esiste ed è amore, fedeltà, gioia, certezza, fino alla consumazione dei secoli.
Fra poco io non sarò più che un nome; ma il mio spirito vivrà qui fra i miei, fra chi soffre, e non avrò neppure io sofferto invano.
E tu, Natalino, non sentirti solo. Mai. Procedi serenamente lungo il cammino del tempo e riceverai luce, verità: la strada sulla quale esiste veramente la giustizia, che non è quella degli uomini, ma la giustizia che Dio solo può dare.
Le mie giornate non sono facili; sono dure, ma dolci, perché Gesù è con me, col mio patire, e mi dà soavità nella solitudine e luce nel buio.
Lui mi sorride e accetta la mia cooperazione con Lui. Ciao, Natalino, la vita è breve, passa velocemente. Tutto è una brevissima passerella, pericolosa per chi vuole sfrenatamente godere, ma sicura per chi coopera con Lui per giungere in Patria.

Ti abbraccio. Tua sorella in Cristo,

Benedetta

È la stessa fede di Maria di Betania: Benedetta Bianchi Porro ha creduto che la passione è il domicilio dell'amore di Dio, è il luogo della sua vittoria, è il passaggio verso la risurrezione.

17

L'ORA DI GESÙ

Sì, c'è un Cristo trionfante, glorioso, quello che sta alla destra del Padre, ma è per quando avremo trionfato, per quando ci saremo trasfigurati, per quando saremo saliti in cielo. Ma qui, in questa arena del mondo, qui c'è l'altro, quello livido, paonazzo, sanguinante ed esangue.

MIGUEL DE UNAMUNO

Varchiamo la soglia dell'ora suprema

Mentre varchiamo la soglia dell'ora di Gesù, ricordiamo la meravigliosa affermazione di Søren Kierkegaard (1813-1856): «Fintantoché ci sarà un credente, questo deve sempre – perché altrimenti non sarebbe diventato credente – essere stato e restare un contemporaneo di Gesù Cristo, alla pari di quelli che lo furono effettivamente; questa contemporaneità è il presupposto della fede e, più precisamente, è la fede stessa» (da *Esercizio del cristianesimo*).

Racconta l'evangelista Giovanni che, durante l'ultima pasqua che Gesù passò sulla terra, alcuni pellegrini greci si accostarono all'apostolo Filippo e gli dissero: «Vogliamo vedere Gesù» (Gv 12,21). Gesù, informato del loro desiderio, rispose: «È giunta l'ora che sia glorificato il Figlio dell'uomo. In verità, in verità vi dico: se il chicco di grano caduto in terra non muore, rimane solo; se invece muore, produce molto frutto» (Gv 12,23).

Che cosa vogliono dire queste parole? Il messaggio è chiaro: Gesù dice che, se vogliamo incontrarlo e vogliamo capirlo, noi dobbiamo guardare alla croce: cioè al gesto dell'amore totale, al gesto dell'amore senza riserve, al gesto che rivela la vera onnipotenza di Dio.

E, all'inizio della cena pasquale, l'evangelista Giovanni offre una precisa chiave di lettura della vita del Signore. Scrive: «Gesù, sapendo che era giunta la sua ora di passare da questo mondo al Padre, dopo aver amato i Suoi che erano nel mondo, li amò fino al compimento» (Gv 13,1). Giovanni chiaramente afferma che la vita di Gesù è spiegabile solo alla luce dell'amore. Gesù, infatti, è venuto nel mondo per amore, ha parlato per amore, ha agito per amore, è vissuto per amore, è morto per amore... perché Egli è il Figlio di Dio: e Dio è Amore!

Giovanni, subito dopo, racconta con evidente emozione un episodio nel quale appare in modo inequivocabile la vera onnipotenza di Dio: l'onnipotenza dell'amore!

Dice l'evangelista: «Mentre cenavano, quando già il diavolo aveva messo in cuore a Giuda Iscariota, figlio di Simone, di tradirlo, Gesù sapendo che il Padre gli aveva dato tutto nelle mani e che era venuto da Dio e a Dio ritornava, si alzò da tavola, depose le vesti e, preso un asciugatoio, se lo cinse attorno alla vita» (Gv 13,2-4).

Il comportamento di Gesù è lontano da ogni logica umana. Egli sapeva che Giuda aveva deciso di tradirlo, sapeva che Pietro l'avrebbe rinnegato, sapeva che gli altri sarebbero tutti scappati e l'avrebbero lasciato solo e, pertanto, poteva sentirsi provocato e giustificato a compiere gesti di legittimo sdegno: poteva gridare, poteva rovesciare la tavola dell'amicizia tradita, poteva chiudere i conti con quegli uomini ingrati (che, in verità, siamo tutti noi!) e invece... ecco il comportamento di Dio: si mette a lavare i piedi!

Desidero sottolinearlo: in questo gesto *Dio si manifesta*, in questo gesto Dio rivela il suo modo di reagire, in questo gesto *Dio rivela che la sua onnipotenza è l'amore*!

Noi che siamo così distanti da Dio, noi che siamo così diversi da Dio... facciamo fatica a seguire il racconto e a immaginare Dio nella veste di un servo che lava i piedi: l'Onnipotente, il Creatore del cielo e della terra è infinitamente umile, è infinitamente mite, è infinitamente paziente... perché è infinito amore.

Chi non prova i brividi davanti a queste parole: «Versò dell'acqua in un catino e cominciò a lavare i piedi dei discepoli e ad asciugarli con l'asciugatoio di cui si era cinto» (Gv 13,5)? Chi riesce a immaginare che Dio si nasconda in questo gesto riservato esclusivamente agli schiavi? E, affinché lo stupore sia totale, è doveroso ricordare che Gesù ha lavato i piedi a tutti noi, perché i piedi degli apostoli sono rappresentativi dei piedi di ogni uomo: anche dei miei, anche dei tuoi! Ci pensate?!

Per un ebreo il gesto della lavanda dei piedi era umiliante e avvilente. Non dimentichiamo che, nel libro della Genesi, quando è raccontato l'incontro di Abramo con i tre misteriosi personaggi, egli per esprimere tutta la cordialità dell'ospitalità dice: «Si vada a prendere un po' d'acqua, lavatevi i piedi e accomodatevi sotto l'albero» (Gn 18,4). Abramo neppure lontanamente pensa di lavare lui i piedi. Era un gesto impensabile per un ebreo. E invece Gesù, secondo il racconto dell'evangelista Luca, nell'ultima cena arriva a dire ai suoi apostoli: «Ecco io sono in mezzo a voi come un servo» (Lc 22,27). L'atteggiamento del servo, pertanto, appartiene all'identità stessa di Gesù: rivela il Suo intimo mistero!

A questo punto capisco la reazione di Pietro. Pietro prova sdegno, Pietro si rifiuta di accettare questo volto di Dio troppo umile e troppo buono; Pietro ha paura di stare dalla parte di un Dio che si comporta così, perché egli, ragionando alla maniera umana, pensa che un Dio così buono... finisca male: finisca davvero sulla croce! E Pietro non vuole che accada!

E reagisce: «No, non mi laverai i piedi in eterno!» (Gv 13,8), cioè: «Io così non ti accetto! Io così non ti seguo! Io ho un'altra idea di Dio!».

Ma l'idea di Pietro era... un idolo! Cioè era un «dio» che

non c'è, era un «dio» immaginato dagli uomini che attribuiscono a Dio il potere amplificato dei potenti di questo mondo: no, non è corretto questo modo di pensare Dio!

E, allora, Gesù è costretto a dirgli: «Se non ti laverò (i piedi), non avrai parte con me (nel mio regno)» (Gv 13,8). Cioè: «Pietro, Dio è così: io ti sto manifestando il volto che tu non conoscevi e che non potevi conoscere: Pietro, se non credi in me, ti metti contro Dio e ti trovi all'opposto di Dio!». Pietro, pur non comprendendo pienamente quel che diceva, ebbe l'umiltà di esclamare: «Signore, lavami non solo i piedi, ma anche le mani e il capo» (Gv 13,9).

Il regalo dell'ultima ora

E, dopo questo colloquio, Gesù regala agli apostoli l'Eucaristia! Chi l'avrebbe mai fatto? Chiunque avrebbe detto: questi uomini (ancora una volta: siamo tutti noi!) non meritano niente, tanto meno meritano un dono come l'Eucaristia! Che uso ne faranno? Quante profanazioni commetteranno? Quanti baci di Giuda ripeteranno? Quanti rinnegamenti moltiplicheranno? Quanti sacrilegi mi sputeranno addosso?

Gesù sapeva tutto questo, ma Gesù è Dio e Dio è Amore: e regala l'Eucaristia!

Ancora una volta si provano brividi di emozione e di vergogna sentendo il racconto dell'evangelista: «Preso un pane, rese grazie, lo spezzò e lo diede loro dicendo: "Questo è il mio corpo che è dato per voi; fate questo in memoria di me". Allo stesso modo dopo aver cenato, prese il calice dicendo: "Questo calice è la nuova alleanza nel mio sangue, che viene versato per voi!"» (Lc 22,19-20).

Questo volto di Dio non può essere stato inventato dagli uomini, questo comportamento di Dio non può essere stato costruito da una mente umana: è troppo diverso dal nostro modo di pensare! Questo volto di Dio si è imposto nonostante tutto e nonostante noi tutti… perché viene da Dio.

André Gide (1869-1951) aveva ragione a esclamare: «Io non credo nelle parole di Gesù perché Gesù è il Figlio di Dio, ma credo che Gesù è il Figlio di Dio perché le Sue parole sono divine». Come è vero, come è vero!

Durante il processo, Pietro rinnega Gesù. Ascoltiamo il racconto che fotografa tante pagine di storia antica e recente, tanti episodi noti e tanti conosciuti soltanto dalle nostre coscienze. Scrive l'evangelista Luca: «Pietro lo seguiva da lontano. Siccome avevano acceso un fuoco in mezzo al cortile e si erano seduti attorno, anche Pietro si sedette in mezzo a loro. Vedutolo seduto presso la fiamma, una serva fissandolo disse: "Anche questi era con lui". Ma egli negò dicendo: "Donna, non lo conosco!". Poco dopo un altro lo vide e disse: "Anche tu sei di loro!". Ma Pietro rispose: "No, non lo sono!". Passata circa un'ora, un altro insisteva: "In verità, anche questo era con lui; è anche lui un Galileo". Ma Pietro disse: "O uomo, non so quello che dici". E in quell'istante, mentre ancora parlava, un gallo cantò» (Lc 22,54-60).

Il canto del gallo scuote la coscienza dell'apostolo e, in quel momento, *Gesù si volta verso Pietro*. Il gesto è di una portata enorme: prima che Pietro vada incontro a Gesù, Gesù va incontro a Pietro; prima che Pietro invochi il perdono, Gesù con il linguaggio dello sguardo gli dice che, nell'abisso del rinnegamento in cui è caduto, Dio non lo rinnega: lo ama ancora! E Pietro, «uscito, pianse amaramente» (Lc 22,62).

Potessimo unirci alle sue lacrime! Potessimo vedere gli occhi di Gesù che ci guardano con infinita compassione, con infinita silenziosa attesa di amore: attesa del nostro amore!

Nella vita di Francesco d'Assisi c'è questo incantevole episodio: «Francesco era infermo e pieno di dolori da ogni parte. Vedendolo così, un giorno gli disse un suo compagno: "Padre, tu hai sempre trovato un rifugio nelle Scritture; sempre ti hanno offerto un rimedio ai tuoi dolori. Ti prego, anche ora fatti leggere qualche cosa dai profeti: forse il tuo spirito esulterà nel Signore". Rispose il santo: "È bene leggere le testimonianze della Scrittura, ed è bene cercare in esse il Signore nostro Dio. Ma, per quanto mi riguarda, mi sono già preso tanto dalle Scritture, da essere più che sufficiente alla mia meditazione e riflessione. Non ho bisogno di più, figlio: conosco Cristo povero e crocifisso"» (FF, 692).

E nell'estate dell'anno 1224, mentre prega e digiuna nel silenzio del monte de La Verna, Francesco chiede al Crocifisso due originalissime grazie: «O Signore mio Gesù Cristo, due grazie ti prego che tu mi faccia, innanzi che io muoia: la prima, che in vita mia io senta nell'anima e nel corpo mio, per quanto è possibile, quel dolore che tu, dolce Gesù, sostenesti nell'ora della tua acerbissima passione; la seconda, ch'io senta nel cuore mio, per quanto è possibile, quello eccessivo amore del quale tu, Figliuolo di Dio, eri acceso nel sostenere volentieri tanta passione per noi peccatori» (FF, 1919).

Proviamo a far nostra la preghiera di Francesco: vengono i brividi!

·18

L'ORA DI GESÙ : CONTEMPLIAMO IL GRANDE MISTERO!

Se vogliamo sapere chi è Dio, dobbiamo inginocchiarci ai piedi della croce

JÜRGEN MOLTMANN

Il dono delle lacrime

Quando gli occhi di Pietro si incontrarono con gli occhi di Gesù, immediatamente si riempirono di lacrime: erano lacrime di pentimento e nascevano dal confronto tra il suo peccato e lo sconfinato amore di Gesù, che si chinava sull'apostolo e gli sussurrava con l'eloquenza dello sguardo: «Pietro, io ti voglio ancora bene, perché io mi chiamo e sono Misericordia infinita».

Dovremmo tutti invocare il dono delle lacrime ogni volta che ci accostiamo alla passione del Signore; dovremmo tutti provare brividi di emozione guardando il Crocifisso e leggendo le parole del profeta Isaia:

Disprezzato e reietto dagli uomini,
uomo dei dolori che ben conosce il patire,
come uno davanti al quale ci si copre la faccia,
era disprezzato e non ne avevamo alcuna stima.
Eppure egli si è caricato delle nostre sofferenze,
si è addossato i nostri dolori
e noi lo giudicavamo castigato,
percosso da Dio e umiliato.
Egli è stato trafitto per i nostri delitti,

schiacciato per le nostre iniquità.
Il castigo che ci dà salvezza
si è abbattuto su di lui;
per le sue piaghe noi siamo stati guariti.
Noi tutti eravamo sperduti come un gregge,
ognuno di noi seguiva la sua strada;
il Signore fece ricadere su di lui
l'iniquità di noi tutti.
Maltrattato, si lasciò umiliare
e non aprì la sua bocca;
era come agnello condotto al macello,
come pecora muta di fronte ai suoi tosatori,
e non aprì la sua bocca (Is 53,3-7).

Queste parole di Isaia spalancano davanti a noi l'abisso del più grande mistero: il mistero di Dio che ama... fino a soffrire, fino a immergersi nell'umiliazione per tirarci fuori dall'abisso del nostro peccato.

Alle parole di Isaia fanno eco le parole dell'apostolo Paolo nella Lettera ai Romani: «Mentre noi eravamo ancora peccatori, Cristo morì per gli empi nel tempo stabilito. Ora, a stento si trova chi sia disposto a morire per un giusto; forse ci può essere chi ha il coraggio di morire per una persona dabbene. Ma Dio dimostra il suo amore verso di noi perché, mentre eravamo ancora peccatori, Cristo è morto per noi» (Rm 5,6-8).

Qui sta il mistero dell'amore di Dio, che ritorna nella lettera di Paolo ai Filippesi, nella quale lo stupore si mescola con l'emozione e strappa accentuazioni veramente inconsuete:

Abbiate in voi gli stessi sentimenti che furono in Cristo Gesù,
il quale, pur essendo di natura divina,
non considerò un tesoro geloso
la sua uguaglianza con Dio;
ma spogliò se stesso,
assumendo la condizione di servo
e divenendo simile agli uomini;
apparso in forma umana,

umiliò se stesso facendosi obbediente fino alla morte
e alla morte di croce (Fil 2,5-8).

E da questo amore sconfinato, da questo abisso di umiliazione e di donazione e di condivisione sboccia la risurrezione:

Per questo Dio l'ha esaltato
e gli ha dato il nome
che è al di sopra di ogni altro nome (Fil 2,9).

È l'amore, espresso nel dono totale di sé, che sboccia in risurrezione! Non dimentichiamolo.

Ad Assisi esiste ancora oggi la cappella del Pianto di San Francesco: essa ricorda il momento in cui il «penitente di Assisi» scoppiò in un pianto irrefrenabile pregando davanti al Crocifisso. «Una volta – riferisce la *Leggenda dei tre compagni* – Francesco andava solitario nei pressi della chiesa di Santa Maria della Porziuncola, piangendo e lamentandosi a voce alta. Un uomo pio, udendolo, suppose che egli soffrisse di qualche malattia o dispiacere e, mosso da compassione, gli chiese perché piangeva così. Disse Francesco: "Piango la passione del mio Signore. Per amore di lui non dovrei vergognarmi di andare gemendo ad alta voce per tutto il mondo!". Allora anche l'uomo devoto si unì al pianto di Francesco. Spesso, alzandosi dall'orazione, Francesco aveva gli occhi che parevano pieni di sangue tanto erano arrossati a forza di piangere» (FF, 413).

Ora anche noi ci mettiamo davanti al Crocifisso, ricordandoci un fatto fondamentale: la passione di Cristo ha un rapporto diretto con i nostri peccati di oggi, perché «Egli è morto per i nostri peccati» (1Cor 15,3).

«Padre, è giunta l'ora!» (Gv 17,1)

Più volte Gesù ripete questa esclamazione per ricordarci

che tutta la sua vita va verso quest'ora e trova in essa il senso e il compimento.

Facciamoci, allora, attenti osservatori di ogni gesto e di ogni parola di Gesù, perché tutto svela Dio: svela il volto di Dio.

Pensiamo, innanzi tutto, all'odio che si scatena attorno a Gesù e contro Gesù nell'ora della passione. Un apostolo lo tradisce e Gesù sente la ferita bruciante di questo gesto, che, come un'erba velenosa, sboccia proprio all'interno del giardino stesso dell'amore. Riferisce Giovanni: «Gesù si commosse profondamente e dichiarò: "In verità, in verità vi dico: uno di voi mi tradirà"» (Gv 13,31). Si avverte chiaramente che tutta la sofferenza sta nell'«uno di voi», più che nel «tradirà». Eppure la reazione di Gesù non è lo sdegno, non è il rifiuto, non è l'invettiva, ma è un gesto delicato di attenzione, quasi una carezza per tentare di riaprire un dialogo: «Giovanni, reclinandosi sul petto di Gesù, gli disse: "Signore, chi è?". Rispose allora Gesù: "È colui per il quale intingerò un boccone e glielo darò". E intriso il boccone, lo prese e lo diede a Giuda Iscariota, figlio di Simone» (Gv 13,25-26). Questo gesto delicatissimo è una teofania, è una manifestazione di Dio in rapporto alla sua verità di Amore infinito.

E nell'orto degli ulivi, secondo il racconto dell'evangelista Luca, «Gesù in preda all'angoscia piangeva intensamente e il suo sudore diventò come gocce di sangue che cadevano a terra» (Lc 22,44).

Perché la sudorazione di sangue? Noi sappiamo che è un fenomeno che accade in situazioni di sofferenza tale che la pressione sanguigna arriva a far esplodere i vasi capillari e così il sangue si mescola al sudore scendendo per tutto il corpo.

Che cosa prova Gesù per arrivare a sudare sangue? Certamente prova l'orrore per il peccato umano, il disgusto per l'ingratitudine e la stoltezza umana, la nausea per il fango che trabocca nella storia degli uomini: e qui c'è anche il nostro peccato, la nostra ingratitudine, la nostra stoltezza, il nostro fango. E la reazione di Gesù? Racconta ancora l'evangelista

Luca: «Mentre egli ancora parlava, ecco una turba di gente; li precedeva colui che si chiamava Giuda, uno dei dodici, e si accostò a Gesù per baciarlo» (Lc 22,47). Pensiamo al significato stomachevole di questo gesto, che usa il linguaggio dell'amore per tradire l'amore: chiunque avrebbe reagito esprimendo almeno lo sdegno e la ripugnanza!

Ecco, invece, il comportamento di Gesù: «Gesù gli disse: "Giuda, con un bacio tradisci il figlio dell'uomo?"» (Lc 22,48). Questa reazione è un capolavoro di bontà: è la manifestazione di Dio, che, ancora una volta, si rivela come Amore al di là di ogni misura.

Pensiamo all'interrogatorio di Gesù davanti ad Anna e a Caifa e allo schiaffo della guardia e alla risposta mitissima di Gesù (Gv 18,12-24); pensiamo al processo di Gesù davanti a Pilato e alla risposta con la quale fa balenare un mondo sconosciuto davanti al miope procuratore di Roma: «Il mio regno non è di questo mondo; se il mio regno fosse di questo mondo, i miei servitori avrebbero combattuto perché non fossi consegnato ai giudei; ma il mio regno non è di quaggiù» (Gv 18,36); pensiamo al silenzio di Gesù davanti alla curiosità sciocca di Erode, che «lo insultò e lo schernì; poi lo rivestì di una splendida veste e lo rimandò a Pilato!» (Lc 23,11).

Il comportamento di Gesù è una teofania: Egli disegna, davanti ai nostri occhi, il volto della mitezza, della pazienza e dell'umiltà infinita di Dio, cioè il volto dell'Amore.

L'unica degna risposta a questa manifestazione di Dio nella storia umana sono le lacrime dei santi.

«Volgeranno lo sguardo a Colui che hanno trafitto» (Zc 12,10)

Ci stiamo avvicinando al cuore dell'ora di Gesù: è l'ora di cui Egli ha sempre parlato e, pertanto, l'incontro con quest'ora è un appuntamento continuo e irrinunciabile del vero discepolo di Gesù.

Riferisce l'evangelista Luca: «Quando giunsero al luogo detto cranio, là crocifissero lui e i due malfattori, uno a destra l'altro a sinistra» (Lc 23,33). Fatto terribile nella sua realtà e nel suo significato: il Figlio di Dio viene crocifisso insieme a due malfattori. Perché? Perché Gesù non lo impedisce? Perché Gesù non reagisce? La risposta sta nel mistero di Dio: Dio è Amore!

L'evangelista Matteo aggiunge: «E quelli che passavano di là lo insultavano scuotendo il capo e dicendo: "Tu che distruggi il tempio e lo ricostruisci in tre giorni, salva te stesso! Se tu sei il Figlio di Dio, scendi dalla croce!". Anche i sommi sacerdoti con gli scribi e gli anziani lo schernivano: "Ha salvato gli altri, non può salvare se stesso! È il re d'Israele, scenda ora dalla croce e gli crederemo. Ha confidato in Dio, lo liberi lui ora, se gli vuol bene! Ha detto infatti: Sono Figlio di Dio!". Anche i ladroni crocifissi con lui lo oltraggiavano allo stesso modo» (Mt 27,39-44).

Il momento è drammatico: le provocazioni scagliate contro il Crocifisso sono vere lance, che trafiggono il cuore. Perché Gesù non ha risposto? Perché non è sceso dalla croce? La risposta a questi interrogativi è il cuore del cristianesimo. Eccola: Gesù, consegnandosi alla cattiveria umana, ha svelato la gravità del peccato presente e operante nel mondo: è guardando il Crocifisso che noi comprendiamo la serietà del peccato e la sua forza di devastazione e di demolizione! Del resto Gesù, nell'orto degli ulivi, aveva chiaramente detto: «Questa è l'ora vostra, è l'impero delle tenebre» (Lc 22,53).

La risposta di Dio alla cattiveria umana è il mistero della pietà: cioè, è l'amore pronunciato dentro la storia con la nostra stessa carne, in un avvenimento preciso nel quale l'infinita misericordia di Dio prende un volto concreto e diventa un fatto concreto che, dentro la storia, aggredisce il peccato con l'offerta del perdono. Infatti Gesù esclama: «Padre, perdonali, perché non sanno quello che fanno» (Lc 23,34).

In questo momento Gesù, dentro la storia peccaminosa degli uomini, colloca la potenza salvifica dell'amore di Dio:

chi apre il cuore a questo amore è salvo! Dice giustamente Blaise Pascal: «Noi imploriamo la misericordia di Dio non perché ci lasci in pace nei nostri vizi ma perché ce ne liberi».

E, infine, un ultimo particolare luminosissimo. Secondo il racconto dell'evangelista Giovanni, Gesù muore dicendo: «È compiuto!» (Gv 19,30). Qual è il senso pregnante di questa parola che, pronunciata da Gesù nell'ultimo istante della sua vita terrena, ha certamente il compito di riassumerla tutta? Per capire il senso di questa parola dobbiamo andare all'inizio del racconto dell'ora di Gesù, quando l'evangelista Giovanni osserva: «Prima della festa di Pasqua, Gesù, sapendo che era giunta la sua ora di passare da questo mondo al Padre, dopo aver amato i suoi che erano nel mondo, li amò sino al compimento» (Gv 13,1).

Ecco allora a che cosa si ricollega l'esclamazione «è compiuto»: si ricollega al fuoco d'amore che Gesù è venuto a portare nel mondo e che, sulla croce, raggiunge il vertice, la pienezza, il compimento!

Per questo motivo l'evangelista Giovanni si affretta a commentare: «e chinato il capo, emise lo Spirito» (Gv 19,30), cioè, nel momento della morte di Gesù si è spaccata la corteccia del peccato che ha indurito il cuore degli uomini e l'amore è diventato possibile: inizia il dono dello Spirito Santo, la stagione della Chiesa, l'epoca dei martiri e dei santi, il tempo ultimo della storia.

La morte di Cristo, che è un atto di infinito amore detto e collocato dentro la storia umana, è la risposta di Dio al peccato ed è la redenzione del peccato degli uomini. San Paolo, con accenti commossi, scrive: «Il dono di grazia non è come la caduta: se infatti per la caduta di uno morirono tutti, molto di più la grazia di Dio e il dono concesso in grazia di un solo uomo, Gesù Cristo, si sono riversati in abbondanza su tutti gli uomini!» (Rm 5,15).

E l'apostolo conclude con una affermazione che non è più nella logica umana ma è nella logica divina (la logica dell'amore!) e dice: «Dove è abbondato il peccato, ha sovrabbondato la grazia» (Rm 5,20).

A questo punto il discepolo di Cristo si sente inondato da un ottimismo inalterabile e può giustamente esclamare: «Se Dio è per noi chi sarà contro di noi? Egli che non ha risparmiato il proprio Figlio, ma lo ha dato per tutti noi, come non ci donerà ogni cosa insieme con lui? Chi accuserà gli eletti di Dio? Dio giustifica. Chi condannerà? Cristo Gesù, che è morto, anzi, che è risuscitato, sta alla destra di Dio e intercede per noi? Chi ci separerà dunque dall'amore di Cristo? Forse la tribolazione, l'angoscia, la persecuzione, la fame, la nudità, il pericolo, la spada? Proprio come sta scritto: per causa tua siamo messi a morte tutto il giorno, siamo trattati come pecore da macello. Ma in tutte queste cose noi siamo più che vincitori per virtù di colui che ci ha amati. Io sono infatti persuaso che né morte né vita, né angeli né principati, né presente né avvenire, né potenze, né altezza né profondità, né alcun'altra creatura potrà mai separarci dall'amore di Dio, in Cristo Gesù, nostro Signore» (Rm 8,31-39).

A questo punto è necessario sostare in silenzio: la preghiera non ha più bisogno di parole, ma soltanto dello sguardo che fa trasalire il cuore.

Guardando il Crocifisso, sussurriamo lentamente:

O Gesù, mi fermo pensoso ai piedi della Croce:
anch'io l'ho costruita con i miei peccati!
La tua bontà, che non si difende
e si lascia crocifiggere, è un mistero
che mi supera e mi commuove profondamente.

Signore, tu sei venuto nel mondo per me,
per cercarmi, per portarmi
l'abbraccio del Padre.

Tu sei il volto della bontà e della misericordia:
per questo vuoi salvarmi!
Dentro di me ci sono le tenebre:

vieni con la tua limpida luce.
Dentro di me c'è tanto egoismo:
vieni con la tua sconfinata carità.
Dentro di me c'è rancore e malignità:
vieni con la tua mitezza e la tua umiltà.

Signore, il peccatore da salvare sono io:
il figlio prodigo che deve ritornare, sono io!
Signore, concedimi il dono delle lacrime
per ritrovare la libertà e la vita,
la pace con Te e la gioia in Te.
Amen.

19

L'ORA DI GESÙ NELLA VITA DEI SANTI

Falsa è l'idea, abbastanza diffusa, che i santi non siano stati simili a noi.
MASSIMILIANO KOLBE

Stefano, il primo martire

I santi, in un modo o in un altro, hanno tutti frequentato il Calvario di Cristo: nel loro sguardo, nella loro voce, nei loro gesti, nelle loro scelte si intravede la luce della croce: in tutti, a cominciare dagli apostoli e dalla prima generazione cristiana.

Andiamo a Gerusalemme, attorno all'anno 30 d.C. Gli Atti degli Apostoli ci dicono che quando il livello di umiltà fu saturo, quando l'invocazione aveva tolto tutte le scorie dell'orgoglio, quando la concordia aveva reso ospitali i cuori nei confronti di Dio-Amore, venne il dono dello Spirito Santo e spinse gli apostoli fuori del cenacolo. E, in una pubblica piazza di Gerusalemme, proprio quel Pietro che pochi giorni prima si era vergognato di essere un discepolo di Gesù di Nazaret, gridò senza paura: «Uomini d'Israele, udite queste parole: "Gesù di Nazaret"» (At 2,22). È meraviglioso questo fatto: Pietro ormai ha soltanto un nome da dire e una notizia da dare: Gesù di Nazaret!

E aggiunge: «Gesù di Nazaret... vi fu consegnato e voi, per mano di empi senza legge, lo avete ucciso inchiodandolo al patibolo [Gesù, l'innocente e il giusto e il santo, entrando nella storia, nella quale a motivo dei nostri peccati non c'è più né innocenza né giustizia né santità, ha attirato su sé il peso del peccato di tutti gli uomini: anche il peso del mio peccato, anche il peso del tuo peccato! Questa notizia fa parte del Vangelo: ricordiamolo!]. Ma Dio (il Padre) lo ha risuscitato, liberandolo dalle doglie della morte, poiché non era possibile che la morte lo possedesse» (At 2,22-24).

Dopo un po' di tempo, Pietro e Giovanni salgono al tempio e vedono uno storpio che chiede l'elemosina presso la porta detta Bella: lo storpio «li guardò attentamente, attendendosi di ricevere da loro qualcosa. Ma Pietro gli disse: "Argento e oro io non ho, ma quel che possiedo te lo do: nel nome di Gesù Cristo, il Nazareno, cammina!". E presolo per la mano destra lo sollevò: all'istante gli si rinvigorirono i piedi e le caviglie, con un salto balzò in piedi e si mise a camminare ed entrò con essi nel tempio camminando, saltando e lodando Dio» (At 3,5-8). Il fatto evidentemente suscitò scalpore e la gente accorse e si radunò e guardò Pietro con grande ammirazione. Ed ecco il comportamento di Pietro: «Pietro, vedendo ciò, prese a parlare al popolo e disse: "Uomini d'Israele, perché vi meravigliate di questo fatto? Perché guardate verso di noi come se per forza nostra o per nostra bontà avessimo fatto camminare quest'uomo? Il Dio di Abramo, d'Isacco e di Giacobbe, il Dio dei nostri padri ha glorificato il suo servo Gesù, che voi avete consegnato e rinnegato... e avete chiesto che vi fosse graziato un assassino e avete ucciso l'autore della vita. Ma Dio (il Padre) lo ha risuscitato dai morti e noi ne siamo testimoni. Proprio per la fede riposta in Lui, il nome di Gesù ha dato vigore a quest'uomo che voi vedete e conoscete; la fede in Lui ha dato a quest'uomo la perfetta guarigione alla presenza di tutti noi"» (At 3,12-16).

Pietro e Giovanni vengono arrestati il giorno stesso della guarigione dello storpio e vengono trattenuti in prigione fino al giorno dopo, dato che ormai era sera. «Il giorno seguente i capi dei giudei, gli anziani e gli scribi si riunirono in Gerusalemme, con il sommo sacerdote Anna, Caifa, Giovanni,

Alessandro e quanti appartenevano alle famiglie dei sommi sacerdoti. Fecero comparire gli apostoli [immaginiamo la scena: due umili pescatori davanti a tanto senno e a tanto temibile potere!] e si misero a interrogarli: “In virtù di quale forza e in nome di chi voi avete fatto ciò?”. Allora Pietro, pieno di Spirito Santo, disse loro: “Capi del popolo e anziani, noi oggi siamo interrogati in giudizio per aver fatto del bene a un povero malato! Ci si chiede in virtù di chi, costui è stato risanato. Sappiatelo tutti voi e tutto il popolo d’Israele: è nel nome di Gesù Cristo, il Nazareno, che voi avete crocifisso, ma che Dio ha risuscitato dai morti! È in virtù di questo nome che costui se ne sta davanti a voi, perfettamente sano: Egli [Gesù] è la pietra respinta da voi costruttori, che è diventata la testata d’angolo. E non c’è in alcun altro la salvezza. Nessun altro nome infatti sotto il cielo è stato concesso agli uomini, per il quale siamo destinati a salvarci”» (At 4,5-12).

E la primissima stagione ecclesiale termina così: «Richiamati gli apostoli li fecero fustigare e ordinarono loro di non continuare a parlare nel nome di Gesù, quindi li misero in libertà. Ma essi se ne andarono dal sinedrio lieti di essere stati oltraggiati per amore del nome di Gesù. E ogni giorno, nel tempio e a casa, non cessavano di insegnare e di portare il lieto annunzio che Gesù è il Cristo» (At 5,40-42).

Nella prima generazione cristiana, quella apostolica, l’ombra benefica della croce si allunga e diventa fedeltà a Cristo e ragione stessa della fecondità dell’annunzio.

A questo punto diventa pienamente comprensibile – siamo nell’anno 34 d.C. – la bella testimonianza del giovane Stefano: egli ha visto gli apostoli soffrire per il nome di Gesù, li ha visti gioire per la persecuzione che li immergeva nella storia del loro Signore, li ha visti profondamente convinti che «la pietra scartata dai costruttori è diventata testata d’angolo».

Stefano, allora, non teme di immergersi nel dinamismo vincente della croce e grida davanti al Sinedrio: «O gente testarda e pagana nel cuore e nelle orecchie, voi sempre opponete resistenza allo Spirito Santo; come i vostri padri, così anche voi.

Quale dei profeti i vostri padri non hanno perseguitato? Essi uccisero quelli che preannunciavano la venuta del Giusto, del quale voi siete divenuti traditori e uccisori; voi che avete ricevuto la legge per mano degli angeli e non l'avete osservata» (At 7,51-53).

E Stefano accoglie serenamente nella sua vita il mistero della croce di Cristo, perché egli sa che la croce di Cristo germoglia in risurrezione. Raccontano gli Atti: «I testimoni deposero il loro mantello ai piedi di un giovane, chiamato Saulo. E così lapidavano Stefano mentre pregava e diceva: "Signore Gesù, accogli il mio spirito". Poi piegò le ginocchia e gridò forte: "Signore, non imputar loro questo peccato". Detto questo, morì» (At 7,58-60).

Questa morte è la prima grande vittoria di Cristo: è il dinamismo del dono di sé fino all'effusione del sangue, che parte dalla croce di Cristo e fermenta di risurrezione tutto il cammino ecclesiale.

Saulo diventa Paolo

Saulo sarà il primo frutto del martirio di Stefano. Sulla via di Damasco, infatti, il Crocifisso Risorto pone alla coscienza di Saulo la domanda che gli apre gli occhi e lo fa cadere dal cavallo dell'orgoglio: «E avvenne che, mentre era in viaggio e stava per avvicinarsi a Damasco, all'improvviso lo avvolse una luce dal cielo e cadendo a terra udì una voce che gli diceva: "Saulo, Saulo, perché mi perseguiti?". Rispose: "Chi sei tu, o Signore?". E la voce: "Io sono Gesù, che tu perseguiti!"» (At 9,3-5).

Saulo ormai sa che la storia di Cristo continua nella storia dei cristiani; Saulo ormai sa che le ferite delle mani di Cristo sanguinano nelle mani dei cristiani: Saulo crede e diventa Paolo, l'apostolo delle genti!

Egli, nella Lettera ai Romani, afferma con decisione: «Io non mi vergogno del Vangelo, poiché è potenza di Dio per la salvezza di chiunque crede, del Giudeo prima e poi del Greco» (Rm 1,16). E qual è la potenza del Vangelo? Risponde Paolo e dice: «Cristo... mi ha mandato a predicare il Vangelo; non però con un discorso sapiente, perché non venga resa vana la croce di Cristo. La parola della croce infatti è stoltezza per quelli che vanno in perdizione, ma per quelli che si salvano, per noi, è potenza di Dio. Sta scritto infatti:

Distruggerò la sapienza dei sapienti
e annullerò l'intelligenza degli intelligenti.

Dov'è il sapiente? Dov'è il dotto? Dov'è il sottile ragionatore di questo mondo? Non ha forse Dio dimostrato stolta la sapienza di questo mondo? Poiché, infatti, nel disegno sapiente di Dio il mondo, con tutta la sua sapienza, non ha conosciuto Dio, è piaciuto a Dio [e qui siamo nel regno della pura fede!] di salvare i credenti con la stoltezza della predicazione. E mentre i Giudei chiedono i miracoli e i Greci cercano la sapienza, noi predichiamo Cristo crocifisso, scandalo per i Giudei, stoltezza per i pagani; ma per coloro che sono chiamati, sia Giudei che Greci, predichiamo Cristo potenza di Dio e sapienza di Dio. Perché ciò che è stoltezza di Dio è più sapiente degli uomini, e ciò che è debolezza di Dio è più forte degli uomini» (1Cor 1,17-25).

E, affinché non ci sia alcun dubbio sul contenuto del Vangelo, Paolo ritorna sull'argomento e dice: «Io ritenni infatti di non sapere altro in mezzo a voi se non Gesù Cristo, e questi crocifisso» (1Cor 2,2). E ammonisce: «Nessuno può porre un fondamento diverso da quello che già vi si trova, che è Gesù Cristo» (1Cor 3,11).

E la logica divinamente sapiente della croce di Cristo fermenta tutta la vita di Paolo al punto tale da strappargli questa paradossale confidenza: «Mi vanterò quindi ben volentieri delle mie debolezze, perché dimori in me la potenza di Cristo [= potenza della Croce, potenza del dono di sé... fino all'effusione del sangue]. Perciò mi compiaccio nelle mie infermità, negli oltraggi, nelle necessità, nelle persecuzioni, nelle angosce sofferte per Cristo: quando sono debole, è allora che sono forte» (2Cor 12,9-10).

Questa è la fede della Chiesa: essa nasce dal mistero pasquale di Gesù e continuamente ritorna ad immergersi in questo mistero, che è il centro della storia e la chiave di lettura dell'azione salvatrice di Dio dentro la storia.

Paolo, pertanto, può esclamare anche per noi: «Ecco ora il momento favorevole, ecco ora il giorno della salvezza! Da parte nostra non diamo motivo di scandalo a nessuno, perché non venga biasimato il nostro ministero; ma in ogni cosa ci presentiamo come ministri di Dio, con molta fermezza nelle tribolazioni, nelle necessità, nelle angosce, nelle percosse, nelle prigioni, nei tumulti, nelle fatiche, nelle veglie, nei digiuni; con purezza, sapienza, pazienza, benevolenza, spirito di santità, amore sincero; con parole di verità, con la potenza di Dio; con le armi della giustizia a destra e a sinistra; nella gloria e nel disonore, nella cattiva e nella buona fama. Siamo ritenuti impostori, eppure siamo veritieri; sconosciuti, eppure siamo notissimi; moribondi, ed ecco viviamo; puniti, ma non messi a morte; afflitti, ma sempre lieti; poveri, ma facciamo ricchi molti; gente che non ha nulla e invece possediamo tutto» (2Cor 6,3-10).

Paolo vive la logica della croce, che è la logica del dono, cioè del perdere e del perdersi per ritrovare e ritrovarsi davanti a Dio: è la logica di Cristo, che lievita tutto il cammino della Chiesa e genera i santi in ogni epoca, fino al ritorno di Gesù.

I santi vivono la fecondità della croce

San Francesco d'Assisi ha fatto sua, come del resto ha fatto ogni santo, la logica del dono di sé e l'ha cantata nel celebre episodio della «perfetta letizia». Seguiamo il racconto con lo stesso stupore di frate Leone. Un giorno il beato Francesco, presso Santa Maria degli Angeli, chiamò frate Leone e gli disse: «Frate Leone, scrivi». Questi rispose: «Eccomi, sono pronto». «Scrivi – disse – cosa è la vera letizia».

«Viene un messo e dice che tutti i maestri di Parigi sono entrati nell'ordine; scrivi: non è vera letizia. Così pure che sono entrati nell'ordine tutti i prelati d'Oltr'Alpe, arcivescovi e vescovi, non solo, ma perfino il re di Francia e il re d'Inghilterra; scrivi: non è vera letizia. E se ti giunge ancora notizia che i miei frati sono andati tra gli infedeli e li hanno convertiti tutti alla fede, oppure che io abbia ricevuto da Dio tanta grazia da sanar gli infermi e da far molti miracoli; ebbene io ti dico: neppure qui è vera letizia». «Ma cosa è la vera letizia?». «Ecco, tornando io da Perugia nel mezzo della notte, giungo qui, ed è un inverno fangoso e così rigido che, all'estremità della tonaca, si formano dei ghiacciuoli d'acqua congelata, che mi percuotono continuamente le gambe fino a far uscire il sangue da siffatte ferite. E io tutto nel fango, nel freddo e nel ghiaccio, giungo alla porta e dopo aver a lungo picchiato e chiamato, viene un frate e chiede: "Chi sei?". Io rispondo: "Frate Francesco". E quegli dice: "Vattene, non è ora decente questa di arrivare, non entrerai". E mentre io insisto, l'altro risponde: "Vattene, tu sei un semplice ed un idiota, qui non ci puoi venire ormai; noi siamo tanti e tali che non abbiamo bisogno di te". E io sempre resto davanti alla porta e dico: "Per amor di Dio, accoglietemi per questa notte". E quegli risponde: "Non lo farò. Vattene dai Crociferi e chiedi là". Ebbene, se io avrò avuto pazienza e non mi sarò conturbato, io ti dico che qui è la vera letizia e qui è la vera virtù e la salvezza dell'anima».

La perfetta letizia, evidentemente, non sta nelle percosse, ma nella situazione interiore che esse rivelano: infatti se, davanti alle percosse, noi restiamo sereni, vuol dire che la nostra anima è completamente immersa in Cristo e nella logica del dono, che è la vita stessa di Dio. E, allora, siamo nella perfetta letizia.

Santa Teresa di Lisieux ha vissuto la logica del dono di sé attraverso l'offerta della sua vita all'Amore misericordioso.

Teresa era convinta che l'Amore contiene tutte le vocazioni perché l'Amore (cioè il dono di sé) ci inserisce nell'atto della redenzione operata da Cristo: l'atto della redenzione, infatti, non è altro che un atto supremo di amore! Per questo motivo la carmelitana dallo sguardo penetrante può esclamare: «La carità mi dette la chiave della mia vocazione. Capii che, se la Chiesa ha un corpo composto da diverse membra, l'organo più necessario, più nobile di tutti non le manca, capii che la Chiesa ha un cuore, e che questo cuore arde d'amore. Capii che l'amore solo fa agire le membra della Chiesa, che, se l'amore si spegnesse, gli apostoli non annuncerebbero più il Vangelo, i martiri rifiuterebbero di versare il loro sangue... Capii che l'amore racchiude tutte le vocazioni, che l'amore è tutto, che abbraccia tutti i tempi e tutti i luoghi, in una parola che è eterno. Allora, nell'eccesso della mia gioia delirante, esclamai: Gesù, Amore mio, la mia vocazione l'ho trovata finalmente, la mia vocazione è l'amore! Sì, ho trovato il mio posto nella Chiesa, e questo posto, Dio mio, me l'avete dato voi! Nel cuore della Chiesa mia Madre, io sarò l'amore. Così sarò tutto... e il mio sogno sarà attuato!».

Santa Maria Goretti ha ugualmente vissuto la logica del dono di sé, cioè la logica della croce, dando la vita per restare fedele all'amore vero, senza svenderlo in una caricatura di uso del corpo senza amore.

Ferita per quattordici volte da Alessandro Serenelli con un punteruolo, Maria Goretti entra nel dinamismo fecondo della passione di Gesù. Nel pomeriggio del 5 luglio 1902, viene condotta all'ospedale di Nettuno e i medici tentano un'operazione senza anestesia. Marietta affronta tutto con grande forza, esclamando di tanto in tanto: «Mamma! Madonna, aiutatemi!». Quante sofferenze dovette affrontare, povera creatura!

La mamma viene ammessa al capezzale della figlia e Marietta, quando la vede, ha la forza di chiederle: «Mamma, come stanno i fratellini?». Così può parlare soltanto chi ha il cuore pieno di amore.

Durante la notte la mamma torna a casa per seguire i suoi piccoli, che sembrano fiori sbattuti da una furiosa tempesta. L'indomani Assunta torna accanto alla figlia, che soffre e prega: soffre e invoca!

Viene chiamato il parroco, Don Temistocle, perché porti la santa comunione e amministri il sacramento della santa unzione. Il parroco forse teme che nel cuore di Marietta ci sia un po' di risentimento. Allora, indicando il Crocifisso, ha l'ispirazione di chiedere: «Marietta, vuoi perdonare Alessandro come Gesù perdonò i suoi crocifissori?».

Marietta resta in silenzio per qualche secondo e poi risponde: «Sì, lo perdono di cuore. E lo voglio con me in Paradiso!». Queste parole sono un capolavoro.

Bastano queste parole per dimostrare la grandezza della piccola Marietta. Altro che immaturità, altro che cultura repressiva: qui c'è una santità che fa cadere in ginocchio! Con quattordici ferite nel corpo, con la febbre alta, con la sete incontenibile... dire all'autore di tutto: «Sì, lo perdono! E lo voglio con me in Paradiso!», è più che sufficiente per capire e riconoscere il prodigio della santità dell'umile contadinella delle paludi pontine: una contadinella che sapeva bene che cos'è l'amore, perché l'aveva visto in casa nella testimonianza limpida del babbo e della mamma.

E la potenza della croce, accolta da Maria Goretti nella sua giovane vita, salva Alessandro Serenelli e lo apre al pentimento e all'abbraccio con Cristo.

Anche Massimiliano Kolbe ed Edith Stein sono due splendide testimonianze della vittoria della croce sul potere tenebroso del peccato e dell'odio umano. Che cosa pensava Massimiliano Kolbe mentre dava generosamente la vita in un luogo, nel quale tutto spingeva ad odiare? Pensava certamente che l'odio si vince con l'amore: e questa è esattamente la logica della croce! E donò la sua vita e fece germogliare la Pasqua nella tristezza funerea di un lager: la croce può tutto!

«Tutti siamo rinati dalla loro morte», disse l'allora arcivescovo Karol Wojtyla in visita al campo di Auschwitz nel

1972: sì, la Chiesa è forte a motivo del martirio, nel quale la potenza della croce si rende a noi contemporanea insieme alla risurrezione di Cristo.

E, canonizzando Edith Stein l'11 ottobre 1998, il Santo Padre Giovanni Paolo II disse: «Molti nostri contemporanei vorrebbero far tacere la croce, ma niente è più eloquente della croce messa a tacere».

Ricordiamo, allora, le parole dell'apostolo Paolo: «O non sapete che quanti siamo stati battezzati in Cristo Gesù, siamo stati battezzati nella sua morte? Per mezzo del battesimo siamo dunque stati sepolti insieme a lui nella morte, perché come Cristo fu risuscitato dai morti per mezzo della gloria del Padre, così anche noi possiamo camminare in una vita nuova. Se infatti siamo stati completamente uniti a lui con una morte simile alla sua [la morte del dono di sé per puro amore!], lo saremo anche con la sua risurrezione» (Rm 6,3-5).

E sant'Ignazio di Antiochia nella lettera ai cristiani di Tralle scrive: «Chiudete le orecchie quando qualcuno vi parla d'altro, invece di parlare di Gesù Cristo, della stirpe di David, figlio di Maria, che realmente nacque, mangiava e beveva, che fu veramente crocifisso e morì al cospetto del cielo, della terra e degli inferi, e che poi realmente è risorto dai morti. Lo stesso Padre suo lo fece risorgere dai morti e farà risorgere nella stessa maniera in Gesù Cristo anche noi, che crediamo in Lui, al di fuori del quale non possiamo avere la vera vita.

Fuggite, dunque, queste cattive piante. Esse portano frutti di morte, e se qualcuno ne gusta, subito muore. Queste non sono piante del Padre. Se lo fossero apparirebbero come rami della croce e il loro frutto sarebbe incorruttibile».

20

IL SACRAMENTO DELL'AMORE E IL COMANDAMENTO DELL'AMORE

Non difendetevi dall'Eucaristia: se la lasciate agire, metterà il fuoco dell'Amore nella vostra vita.
THOMAS MERTON

Il grande dono di Gesù

Scrivendo ai cristiani di Corinto, l'apostolo Paolo si esprime così: «Io ho ricevuto dal Signore quello che a mia volta vi ho trasmesso: il Signore Gesù, nella notte in cui veniva tradito [non dobbiamo dimenticare questa circostanza, perché altrimenti rischiamo di non capire il "dono"], prese del pane e, dopo aver reso grazie, lo spezzò e disse: "Questo è il mio corpo, che è per voi; fate questo in memoria di me". Allo stesso modo, dopo aver cenato, prese anche il calice, dicendo: "Questo calice è la nuova alleanza nel mio sangue; fate questo, ogni volta che ne bevete, in memoria di me". Ogni volta infatti che mangiate di questo pane e bevete di questo calice, voi annunziate la morte del Signore finché egli venga» (1Cor 11,23-26).

Paolo sottolinea che l'Eucaristia è il grande dono che Gesù ha fatto ai suoi discepoli nell'attesa del Suo ritorno: ed è un dono che prepara il ritorno di Gesù ed educa a vivere aspettando il ritorno di Gesù.

Per questo motivo la preghiera abituale del discepolo di Cristo è: «*Maranà tha*: vieni, Signore Gesù!» (1Cor 16,22).

E, infatti, l'ultima preghiera dell'ultimo libro della Bibbia è: «Vieni, Signore Gesù!» (Ap 22,20).

Per lo stesso motivo, nel cuore di ogni Eucaristia, l'assemblea esclama:

Annunciamo la tua morte, o Signore,
proclamiamo la Tua risurrezione
nella attesa della Tua venuta!

Nella *Didaché* (scritto della seconda metà del I secolo cristiano e, quindi, contemporaneo agli scritti del Nuovo Testamento) troviamo questa bellissima preghiera recitata dall'assemblea eucaristica dopo la santa comunione:

Venga la tua grazia
e passi questo mondo.
Osanna al Dio di David!
Chi è santo si appressi;
chi non lo è si penta.
Maranà tha! Vieni, Signore Gesù!
Così sia.

L'Eucaristia, allora, è il pane dei pellegrini che hanno il cuore e gli occhi sempre orientati verso l'orizzonte, nell'attesa che spunti il giorno definitivo: il giorno del ritorno di Gesù.

Giovanni di Kronstadt (1828-1908), mistico russo vissuto a cavallo tra il XIX e il XX secolo, nella sua opera *La mia vita in Cristo* si chiede: «Che cosa è la vita?». E risponde: «Il cammino di un viandante: appena raggiunto il suo luogo, gli si aprono le porte, abbandona gli abiti da viaggio e il bastone del pellegrino ed entra in casa sua». Questa è la visione cristiana della vita, che emerge in ogni celebrazione eucaristica.

Una volta, accompagnando Madre Teresa di Calcutta, sono stato testimone di una scena incantevole, nella quale venne fuori l'interiorità di quella straordinaria credente tutta modellata dall'Eucaristia.

La Madre era diretta ad una parrocchia romana e io la stavo accompagnando insieme a due suore. Eravamo in piedi alla fermata lungo la Passeggiata Archeologica, dopo aver lasciato la casa delle Missionarie della Carità presso San Gregorio al Celio. Mentre aspettavamo, una macchina improvvisamente si ferma. Il conducente evidentemente aveva riconosciuto la Madre e, volendo compiere un gesto di cortesia, chiese: «Madre, che aspetta?».

La Madre, senza un attimo di esitazione, rispose: «Aspetto il Paradiso, mio caro!».

Tutti sorridemmo, ma, in verità, Madre Teresa ci aveva ricordato una fondamentale verità cristiana.

I santi hanno capito l'importanza dell'Eucaristia

L'Eucaristia è un dono e, come tutti i doni, va accolta con grande umiltà. Prima di ogni indagine, prima di ogni riflessione, prima di ogni approfondimento teologico... è necessario un atto di umiltà, che spalanca il cuore per accogliere il grande dono, che Cristo ha fatto alla sua Chiesa pellegrina verso i cieli nuovi e la nuova terra.

San Francesco d'Assisi, quando in lontananza vedeva un campanile, si inginocchiava e adorava Gesù presente nella santa Eucaristia. Riferisce Tommaso da Celano: «Un giorno i frati gli chiesero con insistenza che insegnasse loro a pregare, perché comportandosi con semplicità di spirito, non conoscevano ancora l'ufficio divino. Ed egli rispose: "Quando pregate dite: 'Padre Nostro!'; e : 'Ti adoriamo, o Cristo, in tutte le tue chiese che sono nel mondo e Ti benediciamo, perché con la Tua santa croce hai redento il mondo'". Fedeli all'esortazione di Francesco, essi, ogni volta che passavano vicino a una chiesa, oppure anche la scorgevano da lontano, si inchinavano in quella direzione e, proni col corpo e con lo spirito, adoravano l'Onnipotente dicendo: "Ti adoriamo, o Cristo, in tutte le tue chiese"» (FF, 399 e 401). E, nella logica della fede eucaristica, i frati presero una decisione strabiliante: «Essi – riferisce ancora Tommaso da Celano – avevano scelto come confessore un sacerdote secolare che era tristemente noto per le sue enormi colpe ed era degno del disprezzo di tutti a motivo della sua depravata condotta» (FF, 403). Ma era sacerdote! E celebrava l'Eucaristia! E aveva il potere di donare il Corpo e il Sangue del Signore! Del resto, Francesco, nel suo testamento, aveva manifestato chiaramente i suoi sentimenti e aveva scritto: «Il Signore mi dette e mi dà una così grande fede nei sacerdoti che vivono secondo la forma della Santa Chiesa Romana, a motivo del loro ordine, che anche se mi facessero persecuzione, voglio ricorrere proprio a loro. E se io avessi tanta sapienza quanta ne ebbe Salomone, e mi incontrassi in sacerdoti poverelli di questo mondo, nelle parrocchie in cui dimorano, non voglio predicare contro la loro volontà. E questi e tutti gli altri voglio temere, amare e onorare come miei signori. E non voglio considerare in loro il peccato, poiché in essi io riconosco il Figlio di Dio e sono miei signori. E faccio questo perché, dello stesso altissimo Figlio di Dio nient'altro vedo corporalmente in questo mondo se non il santissimo corpo e il santissimo sangue Suo, che essi ricevono ed essi soli amministrano agli altri» (FF, 112-113).

Come sono logici i santi! Come sanno distinguere i veri tesori! Come sanno andare al di là della polvere umana per fissare lo sguardo sul grande dono di Gesù, che è l'Eucaristia!

Che cos'è l'Eucaristia?

L'Eucaristia è il gesto dell'amore redentivo di Cristo reso presente dal sacramento, affinché diventi il nostro quotidiano nutrimento, cioè diventi la nostra vita, personale ed ecclesiale insieme. In ogni Eucaristia, infatti, si compiono queste parole di Gesù: «Padre giusto, il mondo non ti ha conosciuto, ma io ti ho conosciuto, e questi sanno che tu mi hai mandato. E io ho fatto conoscere loro il tuo nome e lo farò conoscere, perché l'amore con il quale mi hai amato sia in essi e io in loro» (Gv 17,25-26). In ogni Eucaristia noi entriamo in comunione con il gesto salvifico della croce, che è gesto di amore supremo, per diventare sempre di più un popolo che ama con lo stesso amore di Cristo e, di conseguenza, per essere il suo corpo ecclesiale.

I racconti della istituzione dell'Eucaristia, nei quali già si riflette una Chiesa celebrante, non lasciano ombra di dubbio: Gesù nell'ultima cena ha offerto da mangiare il suo *corpo dato* e il suo *sangue versato*. Cioè: nei segni sacramentali del pane e del vino Egli ha consegnato – perché sia assunta, perché sia fatta propria, perché diventi ispirazione e sorgente di vita – la Sua passione, il Suo atto di offerta, la Sua vita nella condizione della suprema carità.

L'autore della Lettera agli Ebrei osserva: «Se il sangue dei capri e dei vitelli e la cenere di una giovenca, sparsi su quelli che sono contaminati li santificano purificandoli nella carne, quanto più il sangue di Cristo, che con uno Spirito eterno offrì se stesso senza macchia a Dio, purificherà la nostra coscienza dalle opere morte, per servire il Dio vivente?» (Eb 9,13-14).

Gesù Crocifisso e Risorto è, davanti al Padre, nel gesto eterno dell'offerta d'Amore per la salvezza dell'umanità. Questo gesto si rende presente nella santa Eucaristia come pane che ci nutre e come vino che ci disseta, affinché anche noi diventiamo un popolo incendiato dall'amore di Dio. Nella seconda epiclesi della seconda Preghiera Eucaristica diciamo:

> Ti preghiamo umilmente:
> per la comunione al corpo e al sangue di Cristo
> lo Spirito Santo ci riunisca in un solo corpo.

E nella seconda epiclesi della terza Preghiera Eucaristica diciamo:

> Guarda con amore
> e riconosci nell'offerta della tua Chiesa

la vittima immolata per la nostra redenzione;
e a noi, che ci nutriamo del Corpo
e Sangue del tuo Figlio,
dona la pienezza dello Spirito Santo
perché diventiamo in Cristo
un solo corpo e un solo Spirito.

L'Eucaristia ha questo scopo: noi non dobbiamo difenderci dall'Eucaristia (come spesso accade!), ma dobbiamo aprirci al suo dinamismo e lasciarlo operare pienamente in noi. Così diventeremo *roveti ardenti* nel buio e nel freddo del mondo.

Il comandamento dell'amore

Il comandamento dell'amore è strettamente legato al sacramento dell'amore, che è l'Eucaristia. Cerchiamo di capire il perché, andando a visitare i vari racconti dell'istituzione dell'Eucaristia. In tali racconti noi troviamo un particolare illuminante: tutti gli evangelisti sottolineano che Gesù, nel momento in cui ha istituito l'Eucaristia e l'ha donata alla Chiesa, ha fatto riferimento al sacrificio dell'alleanza (Mc 14,24: «Questo è il mio sangue, il sangue dell'alleanza, quello versato per molti»; Mt 26,28: «Questo è il mio sangue, il sangue dell'alleanza [la *Volgata* aggiunge: «nuova»], quello versato per molti in remissione dei peccati»; Lc 22,20: «Questo calice è la nuova alleanza nel mio sangue, quello versato per voi»; 1Cor 11,25: «Questo calice è la nuova alleanza nel mio sangue»).

Ma noi sappiamo, esattamente dal racconto del primo sacrificio dell'alleanza riportato in Esodo 24, che non può esistere alleanza senza una «legge di alleanza» e senza l'impegno di osservare questa legge. Mosè, infatti, nel momento culminante dell'alleanza del Sinai, asperge con il sangue l'altare, che rappresenta Dio, e poi, prima di aspergere il popolo con lo stesso sangue, proclama la legge dell'alleanza e tutto il popolo esclama:

> Tutto quanto Jahvè ha detto,
> noi lo faremo e obbediremo (Es 24,7).

Soltanto dopo questo impegno formale, Mosè pronuncia le parole, che poi verranno riprese da Gesù, e dice: «Ecco il sangue dell'alleanza, che Jahvè ha stretto con voi mediante tutte queste parole» (Es 24,8).

Il popolo di Israele conosceva bene tutto questo e chiaramente non poteva concepire un sacrificio di alleanza senza una legge di alleanza. Se Gesù, allora, ha compiuto il sacrificio della nuova alleanza donando il suo corpo e il suo sangue per la nostra salvezza e se ha voluto regalarci il sacramento del sacrificio della nuova alleanza, che è l'Eucaristia, non poteva non donarci anche la legge della nuova alleanza.

Tale legge è il comandamento nuovo, riferito da Giovanni nel suo racconto della cena: «Quand'egli fu uscito, Gesù disse: "Vi do un comandamento nuovo: che vi amiate gli uni gli altri, come io vi ho amato, così amatevi anche voi gli uni gli altri. Da questo tutti sapranno che siete miei discepoli, se avrete amore gli uni per gli altri"» (Gv 13,34).

I Sinottici, nei loro racconti dell'istituzione dell'Eucaristia, non riferiscono questo particolare perché apparteneva alla quotidiana esperienza della comunità cristiana (basta leggere At 2,42-48 e At 4,32-35) e, pertanto, era un'ovvietà. Giovanni, invece, scrive per ultimo e lo Spirito Santo gli suggerisce di fermare per iscritto il racconto del dono del comandamento nuovo, affinché nutra continuamente la memoria dei discepoli.

In ogni Eucaristia, pertanto, mentre celebriamo il sacrificio della Nuova Alleanza, noi dobbiamo sentire la voce di Gesù che ci consegna il comandamento della Nuova Alleanza, cioè il comandamento che ci permette di farci riconoscere come autentici discepoli di Gesù: il comandamento dell'amore!

Sant'Ignazio di Antiochia, che scrive agli albori del II secolo cristiano, usa una terminologia che profuma di Eucaristia vissuta. Egli, scrivendo ai cristiani di Smirne, consegna loro il saluto della comunità cristiana di Troade e dice: «Vi saluta l'agape di Troade». La comunità cristiana viene chiamata agape! È impressionante! Si capisce, allora, anche il senso pregnante delle parole usate da sant'Ignazio per salutare la Chiesa di Roma. Egli dice: «Ignazio, chiamato anche Teoforo, alla Chiesa che è oggetto della misericordia e della munificenza del Padre altissimo e di Gesù Cristo, suo unico Figlio; amata e illuminata per volontà di Colui che ha voluto tutte le cose che sono, secondo la carità di Gesù Cristo, nostro Dio; che in Roma presiede santa, venerabile, degna d'essere chiamata beata, meritevole di lode e di felice successo; adorna di candore, che *presiede la carità*, depositaria della legge di Cristo e insignita del nome del Padre. Questa Chiesa io saluto nel nome di Gesù Cristo, figlio del Padre». «Presiede la carità» vuol dire: «presiede la comunità». Che grande messaggio!

Questa freschezza evangelica vinca le incrostazioni dell'abitudine e della smemoratezza e ci riporti alla novità sorgiva del cenacolo: ciò può accadere in ogni celebrazione dell'Eucaristia.

21

MARIA AI PIEDI DELLA CROCE

Chiamare Maria nostra madre, non è una semplice immagine. Maria è nostra madre in un senso reale ed eminente. Per questo ci è tanto vicina, ci ama e si impegna a fare di ciascuno di noi ciò che dobbiamo essere.
EDITH STEIN

Presso la croce stava Sua Madre

L'evangelista Giovanni, come testimone oculare, racconta un episodio che lascia con il fiato sospeso. Riferisce che «stavano presso la croce di Gesù Sua Madre, la sorella di Sua Madre, Maria di Cleofa e Maria di Magdala» (Gv 19,25). Lo sguardo di Gesù, in questo momento, è appannato, la mente è lacerata dal dolore dei chiodi che trafiggono al vivo le mani e i piedi, il respiro è soffocato dalla terribile posizione imposta dal patibolo… ma Gesù è Dio!

Egli scruta il cuore di Maria, egli conosce i suoi sentimenti, egli sa che Maria è lì accanto alla croce nell'umiltà della fede. Gesù legge nell'anima limpida di Sua Madre e vede che, in mezzo alla bufera del Calvario, ella resta incrollabilmente appoggiata alla certezza che Dio è Amore: Maria lo vede questo amore, lo osserva con l'occhio appassionato della Madre, lo vede inchiodato alla croce questo Amore e… ripete il Suo «sì», fresco come nel giorno dell'annunciazione.

E Gesù, che sta vivendo l'ora della massima manifestazione di Dio-Amore, così come Giovanni ha ricordato all'inizio del racconto della passione (Gv 13,1), pronuncia alcune parole che vanno obbligatoriamente lette nella logica dell'*ora*: l'*ora*, cioè, in cui Gesù ama fino al compimento!

In quest'*ora* «Gesù, vedendo la Madre e lì accanto a lei il discepolo che Egli amava, disse alla Madre: "Donna, ecco tuo figlio!". Poi disse al discepolo: "Ecco tua Madre". E da quel momento [nel testo è detto: «da quell'ora»!] il discepolo la prese nella sua casa» (Gv 19,26-27).

Uno schema di rivelazione

«Ecco tuo figlio!», «Ecco tua Madre». Questo linguaggio è un preciso modulo letterario impiegato dai profeti quando vogliono trasmettere una «rivelazione», cioè la manifestazione di un messaggio di grande importanza nel disegno di Dio: esso si articola nel *vedere*, nel *dire* e nell'*ecco*. Nel Vangelo di Giovanni questa formula letteraria ricorre quattro volte (Gv 1,29; 1,35-36; 1,47; 19,26-27). Accenniamo brevemente al primo e all'ultimo dei passi citati.

Il primo ha come attore Giovanni Battista. Egli *vede* venire Gesù verso di sé lungo le rive del fiume Giordano; illuminato dallo Spirito Santo, Giovanni *dice*: «*Ecco* l'agnello di Dio, *ecco* colui che toglie il peccato del mondo» (Gv 1,29). Con queste parole Giovanni svela ai circostanti che Gesù è l'Agnello di Dio, vale a dire il Messia che dovrà soffrire per togliere il peccato del mondo.

Sulla croce ritorna lo stesso schema di rivelazione: Gesù *vede* e *dice*: «*Ecco*». Gesù cioè, nel momento in cui tutta la Sua vita culmina in un gesto di totale donazione nel quale l'Amore misericordioso di Dio risponde al peccato umano con la potenza redentrice del perdono, in questo stesso momento Gesù stringe a sé la Madre.

Ella, infatti, in quel momento è accanto alla croce del Redentore nella docilità del «sì»: ella dona il Figlio e si dona con il Figlio in una perfetta comunione di amore; e, secondo la logica divina del dono, mentre si dona, Maria si apre a una nuova fecondità materna, che manifesta la potenza salvifica della croce del Figlio: «Chi avrà perduto la sua vita per causa mia, la troverà» (Mt 10,39).

E Gesù, con le Sue parole, svela questo mistero di fecondità che fa di Maria la madre spirituale del discepolo e, nel discepolo, della Chiesa intera.

Osserva il Santo Padre Giovanni Paolo II: «Gesù fonda con queste sue parole il culto mariano della Chiesa, alla quale fa capire, attraverso Giovanni, la Sua volontà che Maria riceva da parte di ogni discepolo, di cui ella è Madre per istituzione di Gesù stesso, un sincero amore filiale. L'importanza del culto mariano sempre voluto dalla Chiesa, si deduce dalle parole pronunciate da Gesù nell'ora stessa della Sua morte» (Udienza generale di mercoledì 23 novembre 1988). Questa è la lettura profonda, che la Chiesa fa del gesto di Cristo morente: gesto che, dato il momento in cui è stato compiuto, non può non avere un grande significato spirituale.

«E da quell'ora il discepolo la prese nella sua casa»

Come rispose il discepolo amato al testamento del Maestro morente? L'evangelista scrive: da quell'ora il discepolo la accolse *eis ta idia*, ossia «tra le cose proprie».

Siamo di fronte a una locuzione che, debitamente chiarita, conferisce un preciso significato ecclesiale alla volontà espressa da Gesù sul punto di passare da questo mondo al Padre. La parola decisiva è *ta idia*. Che cosa significa? Approfondimenti abbastanza recenti hanno dimostrato che il *ta idia* giovanneo indica un'appartenenza di carattere morale-spirituale riferita alle persone: e ciò vale sia in rapporto a Cristo, sia in rapporto ai discepoli, sia in rapporto al maligno.

Cristo ha le sue cose proprie (*ta idia*). Tali sono il popolo di Israele (Gv 1,11: «venne tra i suoi» = «venne *eis ta idia*»); tali sono i suoi discepoli (Gv 10,4: «e quando il pastore ha condotto fuori le sue pecore = “*ta idia panta*”, egli cammina innanzi a loro!»). Nella luce di questi testi è evidente che il senso di *ta idia*, nel Vangelo di Giovanni, rimanda sempre alle persone, delle quali si sottolinea un'appartenenza spirituale a qualcuno.

Giovanni menziona anche «le cose proprie» (*ta idia*) dei discepoli. Ecco un passo significativo, che riporta alcune parole che Gesù rivolge ai discepoli durante l'ultima cena. Preannunciando lo sbandamento dei discepoli, Gesù dice: «Ecco, verrà l'ora, anzi è già venuta, in cui vi disperderete ciascuno per conto proprio e mi lascerete solo» (Gv 16,32). Il testo latino dice così: *Ecce venit hora et iam venit ut dispergamini unusquisque in propria*. E il testo latino traduce il testo greco che dice: «Vi disperderete *eis ta idia*» = «vi disperderete nel vostro mondo interiore, nella vostra identità spirituale». Ancora una volta l'uso giovanneo di *ta idia* è molto preciso.

Giovanni ricorda anche che il maligno ha le cose proprie (*ta idia*), dalle quali attinge quando parla. Ecco un passo molto eloquente, nel quale Gesù si rivolge ai giudei e dice: «Non potete dare ascolto alle mie parole, voi che avete per padre il diavolo e volete compiere i desideri del padre vostro. Egli è stato omicida fin da principio e non ha perseverato nella verità, perché non vi è verità in lui. Quando dice il falso, parla del suo (*ex propriis loquitur = ech ton idíon lálei*), perché è menzognero e padre della menzogna» (Gv 8,43-44). Ancora una volta l'uso giovanneo di *ta idia* è ben preciso.

Fatte queste doverose premesse, «le cose proprie» (*ta idia*) entro le quali il discepolo accolse la Madre di Gesù non possono essere identificate soltanto con la casa, con l'alloggio materiale. Questo primo senso materiale non è escluso dal significato letterale del testo giovanneo: anzi, lo suppone e lo implica per il fatto che il «meno» è sempre incluso nel «più». Tuttavia il versetto in questione ha una pregnanza e una densità teologico-spirituale, che è legata alle parole stesse e al momento in cui esse vengono collocate.

Giovanni, infatti, delicatamente ci riferisce (affinché lo facciamo anche noi!) che egli accolse Maria nel suo mondo spirituale, nei tesori più cari della sua fede: accolse Maria come l'ultimo dono di Gesù morente alla Sua Chiesa.

Quanto è bella questa lettura e quanto è rispondente all'intensità dell'ora in cui Gesù compì il gesto e quanto è fedele al senso letterale delle parole usate dal discepolo!

Nell'enciclica mariana *Redemptoris Mater*, Govanni Paolo II scrive: «Affidandosi filialmente a Maria, il cristiano, come l'apostolo Giovanni, accoglie "fra le cose proprie" la Madre di Cristo e la introduce in tutto lo spazio della propria vita interiore, cioè nel suo "io" umano e cristiano: la prese con sé».

Mi commuove profondamente pensare che Gesù abbia atteso il momento supremo della manifestazione dell'Amore per regalarci la Madre. Gesù, sulla croce, ha squarciato le dense nubi della storia umana e ha fatto brillare il sole dell'Amore misericordioso di Dio Salvatore: in quel momento un raggio di luce ha attraversato Maria ed ella, all'interno della manifestazione dell'Amore misericordioso di Dio che è Gesù, è diventata traduzione vivente dell'Amore misericordioso attraverso la Sua maternità messa a totale disposizione dell'avvento del regno di Dio: il regalo di Maria dà una tonalità materna all'opera della salvezza.

Non ci resta che esclamare:

D'ora in poi tutte le generazioni mi chiameranno beata.
Grandi cose ha fatto in me l'Onnipotente
e santo è il suo nome:
di generazione in generazione la sua Misericordia
si stende su quelli che lo temono (Lc 1,49-50).

Consegno, per la meditazione personale, una bella pagina mariana tratta dal *Diario di un curato di campagna* di Georges Bernanos: «Ma osserva bene adesso, piccolo mio: la Santa Vergine non ha avuto né trionfo né miracoli. Suo figlio non ha permesso che la gloria umana la sfiorasse, nemmeno con la cima più sottile della sua grande ala selvaggia. Nessuno ha vissuto, ha sofferto, è morto altrettanto semplicemente e in un'ignoranza altrettanto profonda della propria dignità, una dignità che tuttavia la pone al disopra degli angeli. Infine, ella era nata senza peccato: quale stupefacente solitudine! Una sorgente così pura, così limpida, così limpida e pura che non poteva nemmeno vedervi riflessa la propria immagine, fatta ella solo per la gioia del Padre: o sacra solitudine! Gli antichi demoni familiari dell'uomo, padroni e servitori tutti insieme, i terribili padroni che hanno guidato i primi passi d'Adamo alla soglia del mondo maledetto, l'Astuzia e l'Orgoglio, li vedi guardar da lungi questa creatura miracolosa, posta fuori della loro portata, invulnerabile e disarmata. Certo, la nostra povera specie non vale molto, ma l'infanzia commuove sempre le sue viscere, l'ignoranza dei piccini le fa abbassare gli occhi: i suoi occhi che conoscono il bene e il male, i suoi occhi che hanno visto tante cose! Ma non è che ignoranza, dopo tutto. La Vergine era l'Innocenza. Ti rendi conto di ciò che siamo per lei, noialtri, la razza umana? Oh! Naturalmente, ella detesta il peccato, ma, infine, non ha nessuna esperienza di esso, quell'esperienza che non è mancata ai più grandi santi, allo stesso santo d'Assisi, per quanto sia serafico. Lo sguardo della Vergine è il solo sguardo veramente infantile, il solo vero sguardo di bambino che si sia mai levato sulla nostra vergogna e sulla nostra disgrazia. Sì, piccino mio, per ben pregarla bisogna sentire su se stessi questo sguardo che non è affatto quello dell'indulgenza – perché l'indulgenza si accompagna sempre a qualche amara esperienza – ma della tenera compassione, della sorpresa dolorosa, di non si sa quale altro sentimento, inconcepibile, inesprimibile, che la fa più giovane del peccato, più giovane della razza da cui è uscita e, benché madre attraverso la grazia, Madre delle grazie, ne fa la più giovane del genere umano».

E Maria, per una consegna ricevuta da Cristo in croce, ha un solo desiderio: accompagnarci all'incontro con Colui che può restituirci la giovinezza del cuore.

22

GIONA, OSSIA LA PAURA DI ANNUNCIARE L'AMORE DI DIO

Moltissimi, in questi luoghi, non si fanno ora cristiani solamente perché manca chi li faccia cristiani. Molto spesso mi viene in mente di percorrere le università d'Europa, specialmente quelle di Parigi, e di mettermi a gridare qua e là come un pazzo e scuotere coloro che hanno più scienza che amore.
Da una lettera di Francesco Saverio a Ignazio di Loyola

Nell'Antico Testamento c'è un piccolo libro, nel quale si respira una freschezza straordinaria: è il libro di Giona. La composizione di questo scritto viene comunemente collocata nel V secolo a.C., quando la comunità postesilica era fortemente tentata di chiudersi in se stessa: fenomeno molto comune nei periodi di sofferenza, di scoraggiamento e di fatica.

Il libro, rompendo audacemente e polemicamente con il particolarismo del suo tempo (e con i particolarismi di tutti i tempi), predica un universalismo straordinariamente aperto. I vari personaggi che entrano in scena vengono tutti presentati con evidente simpatia: i marinai pagani, il re di Ninive, gli abitanti della città e perfino gli animali; soltanto Giona, l'unico israelita in scena, è guardato con severità e inclemenza al punto tale che verrebbe da esclamare con Mark Twain: «Signore, fa' che i cattivi diventino buoni, ma, ti prego, fa' anche che i buoni diventino simpatici!».

Il libro contiene un grande avvertimento per noi credenti, affinché non appesantiamo la fede con atteggiamenti altezzosi, che la rendono antipatica e difficilmente decifrabile da coloro che ci avvicinano anche con le migliori intenzioni. Dio, comunque, è indulgente pure con il profeta ribelle, includendolo nello stesso amplesso di misericordia con cui abbraccia la tanto vituperata Ninive. Inaudita vittoria dell'amore misericordioso!

Però, riflettiamo per un istante. Nella coscienza di un popolo che si stava appena riprendendo dall'incubo della deportazione a Babilonia, è difficile immaginare l'impressione che dovette provocare l'annuncio di misericordia per Ninive, la città che, molto tempo prima di Babilonia, aveva praticato la deportazione di massa. Ma l'amore di Dio danza in mezzo alle nostre ricorrenti meschinità, le sfida, le provoca, le affronta, le vince; sì, le vince con l'arma che Dio solo sa usare perfettamente: *la misericordia senza limiti*. Questo è il mistero bello di Dio, che la Bibbia ci presenta e ci svela.

«Alzati e va' a Ninive, la grande città...» (Gio 1,2)

Dio audacemente prende l'iniziativa di inviare Giona nella città del peccato. Chiaramente Dio non ha le nostre ripugnanze. Anzi, sembra che nel suo cuore ci sia un'inarrestabile ansia di recupero, un desiderio irresistibile di perdono, una voglia divina di recuperare il peccatore.

Ma il profeta non è d'accordo ed entra in crisi profonda: «Giona si mise in cammino per fuggire a Tarsis [= l'estremità del mondo!], lontano dal Signore» (Gio 1,3). Questa fuga è immagine di tutti i tentativi di selezionare nella volontà di Dio ciò che ci piace da quel che non ci piace: e se Dio non condivide questa operazione... ognuno a casa sua, Dio in cielo e noi a Tarsis.

Evidentemente è un comportamento poco credente e Dio si impegna a farcelo toccare con mano, demolendo ogni nostro incoerente sforzo di evasione o di copertura: Giona «scese a Giaffa, dove trovò una nave diretta a Tarsis. Pagato il prezzo del trasporto, si imbarcò con loro per Tarsis, lontano dal Signore. Ma il Signore scatenò nel mare un forte vento e ne venne in mare una tempesta tale che la nave stava per sfasciarsi. I marinai impauriti invocavano ciascuno il proprio dio e gettarono a mare quanto avevano sulla nave per alleggerirla. Intanto Giona, sceso nel luogo più riposto della nave, si era coricato e dormiva profondamente» (1,3-5).

Davvero saggio e onesto è il comportamento dei marinai, mentre Giona è assolutamente ingiustificabile nelle sue scelte: infatti, quando si dice un «no» a Dio, si apre una voragine nella vita e non si sa dove si va a finire: quando la base è storta, tutta la costruzione diventa storta!

Giona finisce nel ventre di un pesce

Sono i marinai pagani che intervengono a scuotere la coscienza di Giona: fatto emblematico!

«Gli si avvicinò il capo dell'equipaggio e gli disse: "Che cos'hai così addormentato? Alzati, invoca il tuo Dio! Forse Dio si darà pensiero di noi e non periremo". Quindi dissero fra di loro: "Venite, gettiamo le sorti per sapere per colpa di chi ci è capitata questa sciagura". Tirarono la sorte e la sorte cadde su Giona. Gli domandarono: "Spiegaci dunque per causa di chi abbiamo questa sciagura. Qual è il tuo mestiere? Da dove vieni? Qual è il tuo paese? A quale popolo appartieni?". Egli rispose: "Sono ebreo e venero il Signore Dio del cielo, il quale ha fatto il mare e la terra". Quegli uomini furono presi da grande timore e gli domandarono: "Che cosa hai fatto?". Quegli uomini, infatti, erano venuti a sapere che egli fuggiva il Signore, perché lo aveva loro raccontato. Essi gli dissero: "Che cosa dobbiamo fare di te perché si calmi il mare, che è contro di noi?". Infatti il mare infuriava sempre di più» (Gio 1,6-11).

La situazione è veramente drammatica: i poveri marinai si trovano coinvolti in uno spezzone impazzito di storia, perché un «credente» ha detto di no al suo Dio; essi si sforzano di capire il mistero della vita di questo «credente» che dice di venerare «il Signore del cielo, il quale ha fatto il mare e la terra», ma, alla fine, essi riescono soltanto a formulare un'accorata domanda: «Che cosa hai fatto?».

E drammatica è anche la situazione di Giona: egli è stato clamorosamente scoperto, la sua decisione interiore sembra quasi affiorare nel turbinio delle onde del mare, ma, inspiegabilmente, egli resta irremovibile: preferisce farsi gettare nel mare in tempesta, piuttosto che retrocedere e incamminarsi docilmente nella direzione indicata dal Signore: «Egli disse loro: "Prendetemi e gettatemi in mare e si calmerà il mare che ora è contro di voi, perché io so che questa grande tempesta vi ha colto per causa mia"» (Gio 1,12).

Giona, a questo punto, non meriterebbe più nulla. Egli ha fatto la sua scelta e l'ha confermata caparbiamente: si frigga ora nel suo olio. Così ragiona l'uomo, ma il Signore non ragiona così. Il Signore è misericordioso e la sua misericordia non conosce impennate di ripicca e sadiche rivincite di vendetta: per questo «il Signore dispose che un grosso pesce inghiottisse Giona» (2,1). L'amore di Dio ha una fantasia infinita. Vengono in mente le parole del Libro delle Lamentazioni:

> Le misericordie del Signore non sono finite,
> non è esaurita la sua compassione;
> esse sono rinnovate ogni mattina,
> grande è la sua fedeltà (Lam 3,22-23).

E la misericordia torna all'attacco: fedelmente!

«Il Signore comandò al pesce ed esso rigettò Giona all'asciutto» (Gio 2,11).

Forse, a questo punto, Giona ragionevolmente pensa che l'avventura sia finita: forse Dio si è stancato ed ha smesso di preoccuparsi della perfida città di Ninive. Ma non è così.

«Fu rivolta a Giona una seconda volta questa parola del Signore: "Alzati, va' a Ninive la grande città e annunzia loro quanto ti dirò"» (Gio 3,1-2).

Il libro fortunatamente non descrive la faccia di Giona. Comunque, egli non ne può più e, allora, non oppone più resistenza e decide di andare a Ninive e di gridare il messaggio di Dio, sperando di poter almeno assistere a una piccola grandinata di punizione doverosa: «Giona si alzò e andò a Ninive secondo la parola del Signore» (Gio 3,3). Ma Ninive, sorprendentemente, rivela un cuore capace di pentimento e occhi capaci di piangere: «I cittadini di Ninive credettero a Dio e bandirono un digiuno, vestirono il sacco dal più grande al più piccolo. Giunta la notizia fino al re di Ninive, egli si alzò dal trono, si tolse il manto, si coprì di sacco e si mise a sedere sulla cenere» (Gio 3,5-6).

Scena inattesa. Non solo. La città altera si fa umile davanti a Dio e innalza una preghiera sincera, delicata, fiduciosa: «Chi sa che Dio non cambi, si impietosisca, deponga il suo ardente sdegno cosicché noi non moriamo?» (Gio 3,9).

Giona sta a guardare: Dio che cosa farà? Può arrivare a tanto il suo amore? Può perdonare anche Ninive?

Dio non ha alcuna esitazione: «Dio vide le loro opere, che cioè si erano convertiti dalla loro condotta malvagia e Dio si impietosì riguardo al male che aveva minacciato di fare loro e non lo fece» (Gio 3,10).

Ora, però, c'è da fare i conti con Giona

La reazione di Giona era prevedibile: «Giona ne provò grande dispiacere e ne fu indispettito. Pregò il Signore: "Signore, non era forse questo che dicevo quand'ero nel mio paese? Per ciò mi affrettai a fuggire a Tarsis; perché so che tu sei un Dio misericordioso e clemente, longanime, di grande amore e che ti lasci impietosire riguardo al male minacciato. Or dunque, Signore, toglimi la vita, perché meglio è per me morire che vivere!". Ma il Signore gli ripose: "Ti sembra giusto essere sdegnato così?"» (Gio 4,1-4).

Paradossalmente, Giona rimprovera Dio per la smisurata

grandezza della sua misericordia; Giona si lamenta perché sa in anticipo («non era forse questo che dicevo quand'ero nel mio paese?») che Dio si lascia facilmente impietosire e, davanti a una lacrima sincera, tutto viene da Lui dimenticato, tutto viene da Lui perdonato. Mirabile è il dialogo tra Giona e il Signore: «umana» è la reazione di Giona e «divina» è la reazione di Dio! Dio è costretto a difendersi proprio in ciò che costituisce la Sua peculiarità e la Sua irrinunciabile prerogativa; e Giona è stizzito per ciò che Dio ha di più caro e di più intimo: *il perdono*! Ce la farà Dio a convincere Giona? Ce la farà Israele a credere in un Dio così buono? Ce la farà l'umanità ad accogliere la misericordia di Dio, facendola risuonare come speranza per tutti e non come privilegio per pochi?

Il libro, significativamente, termina con un interrogativo rivolto a tutti i «Giona»: «Tu ti dai pena per quella pianta di ricino per cui non hai fatto nessuna fatica e che tu non hai fatto spuntare, che in una notte è cresciuta e in una notte è perita: e io non dovrei aver pietà di Ninive, quella grande città, nella quale ci sono più di centoventimila persone, che non sanno distinguere fra la mano destra e la sinistra, e una grande quantità di animali?» (Gio 4,10-11).

E Dio aspetta ogni giorno la risposta di Giona, la risposta dell'uomo, la mia e la tua risposta.

Ninive si pente ancora: e Dio, come sempre, fa festa! Ma Giona il credente, fa festa con Dio oppure, come il figlio maggiore della parabola, è lontano dai sentimenti del cuore di Dio e resta fuori e rifiuta di partecipare alla festa dell'Amore? Il rischio della vita sta tutto qui.

Un episodio che sintetizza tutto quanto abbiamo detto

Clemente Alessandrino, scrittore del II secolo cristiano, ci consegna un racconto nel quale si respira il profumo del Vangelo di Gesù. Scrive: «Affinché tu abbia maggior fiducia che, se farai sinceramente penitenza, potrai avere speranza sicura di salvezza, ascolta l'episodio, che non è una favola, ma un racconto vero, intorno all'apostolo Giovanni, custodito fedelmente dalla memoria e tramandatoci.

Morto il tiranno (Domiziano), Giovanni dall'isola di Patmos ritornò a Efeso, e, invitato, si recava a visitare i vicini paesi dei gentili, ora per stabilirvi vescovi, ora per organizzarvi intere Chiese, ora per scegliere come membro del clero qualcuno di quelli che lo Spirito Santo aveva designato.

Venuto in una delle città non lontane da Efeso (alcuni ne dicono anche il nome), consolò dapprima i fratelli, e vedendo poi un giovanetto, ben formato nella persona, dall'aspetto gentile e dall'animo ardente, rivolto al vescovo stabilito su questa Chiesa: "Questo giovanetto – disse – te l'affido con tutto il cuore, alla presenza della Chiesa e di Cristo che sarà testimone".

Il vescovo accolse il giovanetto e promise che avrebbe fatto tutto; e Giovanni gli ripeté le stesse raccomandazioni, adducendo gli stessi testimoni. Poi partì per Efeso.

Il presbitero (vescovo) prese in casa il giovanetto che gli era stato affidato, lo nutrì, lo sostenne, lo riscaldò con il suo affetto e infine lo battezzò. Ma poi cominciò a diminuire la sua molta cura e vigilanza, perché riteneva d'averlo ormai munito d'una difesa perfetta col sigillo (*sigillum*, *signaculum*) del Signore (la grazia del battesimo e cresima).

Lasciato troppo presto libero, il giovanetto fu avvicinato e guastato da alcuni coetanei oziosi, dissoluti e abituati al malfare. Prima lo attrassero con sontuosi banchetti, poi lo condussero con sé di notte a rubare, e infine lo ritennero in grado di far con loro qualcosa di più grande. E lui, a poco a poco, s'abituò; e, di natura ardente, uscendo dalla retta via come cavallo indocile e vigoroso che morde il freno, si gettò con foga nel baratro. E quando poi ebbe perduto la speranza di ottenere ancora da Dio la salvezza, non si contentava più di piccole imprese, ma col farne di grandi, giacché ormai si era perduto una volta per sempre, pensava di potere essere alla pari con gli altri. Li riunì dunque, e organizzò con loro una compagnia di briganti: ed egli fu il loro ben adatto capitano, perché era il più violento, il più sanguinario, il più crudele.

Passò del tempo. Sopravvenuta una necessità, invitarono Giovanni. E questi, regolati gli affari per i quali era venuto: "Orsù, o vescovo – disse – rendimi il deposito che io e Cristo t'abbiamo affidato in presenza della Chiesa, alla quale tu presiedi, e che è stata testimone".

Il vescovo rimase dapprima stupito, pensando d'essere stato falsamente denunziato per qualche somma di denaro che egli non aveva ricevuto; da una parte egli non poteva credere a un deposito non ricevuto, e neppure poteva mettere in dubbio la parola di Giovanni.

"Io ti chiedo – riprese Giovanni – il giovanetto; ti chiedo l'anima di quel fratello".

Il vecchio trasse un profondo sospiro e piangendo: "Quello – disse – è morto".

"Morto?! E come morto?".

"È morto a Dio – disse –; è diventato un ribaldo, uno scellerato, in una parola, un brigante; e ora occupa la montagna che sta di fronte alla chiesa con una squadra d'uomini come lui".

L'apostolo si stracciò la veste, e con un grande gemito percuotendosi il capo: "Bel custode dell'anima del fratello ho lasciato! Presto, datemi un cavallo e qualcuno che mi guidi". E, così come era, lasciò la chiesa e partì.

Giunto al luogo, fu preso dalle sentinelle dei briganti. Senza tentare di fuggire e senza chiedere nulla, si pose a gridare: "Per questo sono venuto, conducetemi dal vostro capo".

Questi lo attese in armi. Ma quando ebbe riconosciuto Giovanni che s'avvicinava, preso di vergogna, si diede a fuggire. E l'apostolo lo seguiva di corsa, dimentico della sua età, e gridando: "Perché mi fuggi, o figlio, fuggi tuo padre, disarmato e vecchio? Abbi pietà di me, o figlio, non avere paura; hai ancora speranza di vita, darò io la mia parola a Cristo per te. Se sarà necessario, io subirò volentieri la morte per te, come il Signore è morto per noi. Per la tua vita darò la mia. Fermati, abbi fiducia: è Cristo che mi ha mandato a te".

All'udir queste parole, quell'uomo dapprima si fermò e stette con gli occhi bassi; poi gettò le armi e incominciò a tremare e piangere amaramente. E quando il vecchio gli s'avvicinò, egli lo strinse tra le braccia, gli chiese perdono così come poteva tra i singhiozzi, e fu battezzato una seconda volta dalle sue lacrime. Nel frattempo però teneva nascosta la mano destra. Giovanni gli si fa garante, l'assicura con giuramento che gli ha ottenuto il perdono dal Salvatore; lo prega, s'inginocchia dinanzi a lui, gli bacia la destra, per significare che era già stata purificata dalla penitenza. Poi lo conduce alla chiesa, intercede per lui con moltiplicate preghiere, gli si associa in prolungati digiuni, e affascina la sua anima con le attrattive varie delle sue parole. E non se ne parte, come dicono, prima d'averlo rimesso nella Chiesa, offrendoci così un grande modello di vera penitenza, un esempio stupendo di spirituale rinascita e un trofeo della futura risurrezione.

Chi accoglierà ora sinceramente l'angelo della penitenza, non se ne troverà pentito quando dovrà lasciare il corpo; né si troverà confuso quando vedrà il Salvatore venire nella sua gloria con il suo esercito. Egli non avrà paura del fuoco. Ma se uno vuole continuare a peccare ingolfandosi nei piaceri e preferisce le gioie presenti a quelle della vita eterna e respinge il Salvatore che gli concede il perdono, costui non dia la colpa a Dio, né alle ricchezze né alle precedenti cadute, ma alla sua stessa anima che volontariamente si getta nella perdizione».

Le parole di Clemente Alessandrino sono stupendamente vere: se uno si perde, non dia la colpa a Dio! Dio, infatti, è amore: è soltanto amore!

INDICE

Prefazione pag. 7

1. Il tempo è compiuto » 9
2. La testimonianza presuppone un incontro » 18
3. Quale via dobbiamo percorrere per incontrare il Signore? » 27
4. Mentre Dio cerca la collaborazione, svela una irrinunciabile condizione per l'incontro: l'umiltà! » 35
5. Maria: il più bel «sì», la più alta collaborazione con Dio » 43
6. Dio lentamente scopre il suo volto: Egli è misericordia » 51
7. Ma l'uomo è infedele! E Dio si rivela misericordioso e fedele » 60
8. Dio si specchia nell'infelice matrimonio di Osea » 72
9. Fedeltà e infedeltà: fino a quando? Geremia annuncia una sorprendente decisione di Dio » 82
10. Ezechiele spinge lontano lo sguardo: «Vi darò il mio Spirito!» » 93
11. Gesù è l'ultima parola di Dio perché è la prima parola di Dio » 101
12. Gesù consegna tre meravigliose parabole che raccontano il volto di Dio » 110
13. La parabola del padre fedelmente padre » 120
14. Andiamo a Betlemme! » 127

15. Cos'è allora il Natale? Quale messaggio nasconde? Quale volto di Dio ci rivela? pag. 136
16. «È giunta l'ora» (Gv 12,24). Che cos'è l'ora di Gesù? » 144
17. L'ora di Gesù » 151
18. L'ora di Gesù: contempliamo il grande mistero! » 157
19. L'ora di Gesù nella vita dei santi » 166
20. Il sacramento dell'amore e il comandamento dell'amore » 176
21. Maria ai piedi della croce » 184
22. Giona, ossia la paura di annunciare l'amore di Dio » 190

Stampa: 2003
Società San Paolo, Alba (Cuneo)
Printed in Italy